车联网技术与应用

主　编　陈　宁　赵　帅　黄晓延
副主编　刘　璐　姚艳南　吕吉亮
参　编　姚小莉　张海松　张宇飞
　　　　王　妍　丁田妹
中汽数据有限公司　组编

机械工业出版社

本书根据我国车联网（智能网联汽车）产业发展战略，基于车联网技术与应用的真实岗位所需的理论知识与职业技能编写，内容包括车联网认知、车载网络关键技术、车联网通信关键技术、车联网关键场景应用、车联网安全技术5个项目共13个任务，指导学生进行工学一体化学习，掌握车内、车际、车云通信设备的装调标定和报文解析等技能。

本书填补了车联网技术职业教育教材的空白。本书遵循职业教育教学规律，通过"基础认知—技术融汇—创新应用"三阶能力递进设计，可作为智能网联汽车工程技术、物联网工程技术、智能交通管理等高等职业教育本科专业核心课程教材，也可作为智能网联汽车技术、物联网应用技术、智能交通技术、汽车智能技术等高等职业教育专科专业核心课程教材，还可作为新能源汽车技术、汽车电子技术、汽车制造与试验技术等相关专业的拓展课程教材，同时可作为汽车制造企业、汽车技术研发企业和汽车修理企业等技术人员的参考用书和培训用书。

本书配有电子课件等教学资源，凡选用本书作为教材的教师，均可登录机械工业出版社教育服务网（www.cmpedu.com）注册后下载，或联系编辑索取（010-88379756）。

图书在版编目（CIP）数据

车联网技术与应用/陈宁，赵帅，黄晓延主编；中汽数据有限公司组编. —北京：机械工业出版社，2024.2（2025.6重印）
ISBN 978-7-111-74777-2

Ⅰ. ①车… Ⅱ. ①陈… ②赵… ③黄… ④中… Ⅲ. ①汽车–物联网 Ⅳ. ①U469-39

中国国家版本馆CIP数据核字（2024）第047055号

机械工业出版社（北京市百万庄大街22号 邮政编码100037）
策划编辑：谢熠萌　　　　　责任编辑：谢熠萌
责任校对：张慧敏　王　延　封面设计：张　静
责任印制：常天培
河北虎彩印刷有限公司印刷
2025年6月第1版第4次印刷
184mm×260mm・11.5印张・282千字
标准书号：ISBN 978-7-111-74777-2
定价：49.00元

电话服务　　　　　　　　网络服务
客服电话：010-88361066　　机 工 官 网：www.cmpbook.com
　　　　　010-88379833　　机 工 官 博：weibo.com/cmp1952
　　　　　010-68326294　　金 书 网：www.golden-book.com
封底无防伪标均为盗版　　　机工教育服务网：www.cmpedu.com

前　言

党的二十大报告指出："高质量发展是全面建设社会主义现代化国家的首要任务。"当今世界正经历百年未有之大变局，新一轮科技革命和产业变革方兴未艾，车联网（智能网联汽车）产业已成为全球性的新兴战略产业。我国国家发展改革委等11个部委联合发布《智能汽车创新发展战略》，通过智能汽车战略加快制造强国、科技强国、网络强国、交通强国、数字中国、智慧社会建设，增强新时代国家综合实力、新一轮科技革命和产业变革引领能力。

车联网技术是智能网联汽车、智能交通的关键技术，我国在C-V2X技术的标准制定与产业生态方面引领全球车联网发展，但是车联网技术的研究成果转化为产业的应用需要大量高素质的高技能人才，职业院校应该对接车联网（智能网联汽车）产业的产业链、专业链、人才链的需求变化，培养掌握车联网技术集成与应用的人才。针对智能网联汽车、智能交通相关专业对车联网技术职业教育教材的迫切需求，我们编写了本书。本书具有以下特点：

1）德技并重。本书以国家战略需求为导向，以智能网联汽车、智能交通相关专业人才培养目标为依据，定位职业教育类型，侧重岗位能力培养，在情景导入、任务实施、回顾思考等各方面贯彻习近平新时代中国特色社会主义思想和党的二十大精神，用社会主义核心价值观铸魂育人，培养新时代中国特色社会主义事业的建设者。

2）产教融合。本书由中汽数据有限公司和浙江机电职业技术大学的团队双元合作开发。中汽数据有限公司隶属于中国汽车技术研究中心有限公司（中国唯一的汽车行业技术归口单位和国家政府主管部门的技术支撑机构），该公司科技工作者的参与保证了本书融入新技术、新工艺、新规范、新标准的"四新"引领优势。浙江机电职业技术大学编写团队所在的智能网联汽车工程技术专业是全国首批职业教育本科专业，汽车智能技术专业是全国唯一的两部委双试点专业（教育部中德先进职业教育合作SGAVE项目首批试点专业、工业和信息化部产教融合首批试点专业），近年来主编国家级、省级职业教育规划教材10余本，具有丰富的优质教材开发经验。

3）科教融汇。本书从知识、能力、素养等3个方面进行科学精神和教育教学的融汇培养，注重运用能力、发现问题和解决问题能力的培养。

4）工作手册式编写体例。本书采用新型的工作手册式编写体例，较好地融入工作任务驱动理念和项目化工学一体教学方式，尤其是突破了过往车联网教材偏理论、偏概述的缺点，以结果导向的模式构建任务目标、知识准备、任务实施、质量评价、回顾思考的学习循环，通过任务实施达到车联网集成与应用的理论知识与实践技能的统一，符合职业教育教材的需求。

5）资源丰富。本书配套工单、习题，内嵌二维码链接提供实操教学视频指导，在超星学习通数字课程平台配套数字课程，用户可联系编者获取在线课程服务，采取线上线下的混合式教学方法。

本书由中汽数据有限公司组编，立项浙江省高职院校"十四五"重点教材建设项目，由浙江机电职业技术大学、浙江工业职业技术学院和中汽数据有限公司的教师、科技工作者共同组成编写团队，其中陈宁、赵帅、黄晓延任主编，刘璐、姚艳南、吕吉亮任副主编，姚小莉、张海松、张宇飞、王妍、丁田妹参加了编写。

由于车联网技术尚处发展阶段，更由于编者水平所限，书中难免会有不足和疏漏之处，恳请读者批评指正，以便修订时改进。编者邮箱：chenning@zime.edu.cn。

编　者

二维码索引

名称	图形	页码	名称	图形	页码
2.1.1 示波器校准		30	2.2.4 低速 CAN 总线故障诊断		44
2.1.2 LIN 总线波形采集		30	2.2.5 CAN 总线报文解析		46
2.1.3 LIN 总线报文解析		31	2.2.6 CAN 总线报文传输		46
2.2.1 高速 CAN 总线的信号捕捉		43	2.3.1 以太网差分波形读取		60
2.2.2 低速 CAN 总线的信号捕捉		43	2.3.2 以太网数据帧采集		62
2.2.3 高速 CAN 总线故障诊断		44	3.1 DSRC 设备装调与信息传输		74

（续）

名称	图形	页码	名称	图形	页码
3.2 LTE-V2X 设备装调与信息传输		93	4.3 V2P 应用场景的报文编制与传输		148
3.3 NR-V2X 设备装调与信息传输		103	4.4 V2N 应用场景的报文编制与传输		158
4.1 V2V 应用场景的报文编制与传输		121	5.0 底盘线控 CAN 报文破解		172
4.2 V2I 应用场景的报文编制与传输		135			

目 录

前言
二维码索引

项目 1　车联网认知 1
　　任务 1　车联网功能认知 1
　　任务 2　车联网技术分级认知 11

项目 2　车载网络关键技术 23
　　任务 1　LIN 技术应用 23
　　任务 2　CAN 总线技术应用 34
　　任务 3　车载以太网技术应用 50

项目 3　车联网通信关键技术 66
　　任务 1　DSRC 技术应用 66
　　任务 2　LTE-V2X 技术应用 80
　　任务 3　NR-V2X 技术应用 98

项目 4　车联网关键场景应用 110
　　任务 1　V2V 场景应用 110
　　任务 2　V2I 场景应用 126
　　任务 3　V2P 场景应用 139
　　任务 4　V2N 场景应用 152

项目 5　车联网安全技术 164
　　任务　车联网安全技术认知 164

参考文献 176

项目 1
车联网认知

任务 1　车联网功能认知

【情景导入】

2018年12月25日，我国工业和信息化部印发《车联网（智能网联汽车）产业发展行动计划》，标志着车联网（智能网联汽车）产业成为我国汽车产业转型的重要方向，产业化落地正在加速推进，分阶段实现车联网产业高质量发展的目标。

第一阶段，到2020年，实现车联网（智能网联汽车）产业跨行业融合取得突破，具备高级别自动驾驶功能的智能网联汽车实现特定场景规模应用，车联网综合应用体系基本构建，用户渗透率大幅提高，智能道路基础设施水平明显提升，适应产业发展的政策法规、标准规范和安全保障体系初步建立，开放融合、创新发展的产业生态基本形成，满足人民群众多样化、个性化、不断升级的消费需求。

第二阶段，2020年后，通过持续努力，推动车联网产业实现跨越发展，技术创新、标准体系、基础设施、应用服务和安全保障体系全面建成，高级别自动驾驶功能的智能网联汽车和5G-V2X逐步实现规模化商业应用，"人-车-路-云"实现高度协同，人民群众日益增长的美好生活需求得到更好满足。

【任务目标】

知识目标：
1. 了解车联网的产生、发展历程。
2. 理解车联网与智能汽车、智能交通的关系。

能力目标：
1. 合理使用通用工具和专用仪器。

2. 查阅技术文件，简要分析车联网功能。
3. 了解《车联网集成应用》职业技能等级标准的工作领域。

素养目标：
1. 认识到高质量发展的意义。
2. 认识到新型工业化、车联网（智能网联汽车）产业发展的意义。

【知识准备】

一、车联网的产生

"汽车"和"无线电通信"是在一百多年前先后诞生的，这两个事物有一定的共性，即怎样把人从地域的束缚中解放出来。汽车能够实现物理本体的转移，即通过汽车等工具实现人或货物的地域转移；通信能够实现物理在本体不移动的情况下把信息传输出去，即远端的通信。

1868 年，英国伦敦议会大楼前的十字路口安装了世界第一个交通信号灯，这个交通信号灯距地面 7m，顶端悬挂着红、绿两色可旋转的煤气灯，灯下站着一个警察通过一个长杆牵动皮带进行灯色的切换。

1914 年，美国俄亥俄州克利夫兰市交通信号灯公司制作了一套电力信号灯系统，这是人类历史上第一套投入使用的电力信号灯系统。

1947 年晶体管诞生后，交通信号灯逐渐实现了自动化控制。但是交通信号灯通常设置在道路交叉口，无法覆盖整条道路，无法监控、管理整条道路的交通。随着城市化进程的加快，"智能交通系统（Intelligent Transportation System，ITS）"概念被提出，ITS 将先进的信息技术、通信技术、传感器技术、电子控制技术以及计算机技术等有效地综合运用于整个交通运输管理体系，从而建立起一种大范围内、全方位发挥作用的，实时、准确、高效的综合运输和管理系统。

1956 年，美国通用汽车公司展示了世界上第一辆配备了汽车安全和自动导航系统的 Firebird II 概念车，其原理是在高速公路的地下埋设发射脉冲信号的电缆线圈，向安装了接收器的汽车发送电子脉冲信号，实现自动导航与驾驶控制。1971 年，英国交通与道路研究实验室（Transport and Road Research Laboratory，TRRL）展示了一款和通用汽车公司类似的通过电脉冲技术实现自动驾驶的汽车，据称试验该汽车的道路，负载率提高了 50%，交通事故率下降了 40%。

受限于当时的技术，对道路添加外部设备的成本和改造难度都比较大，这种方法没有大量推广，但是道路负载率提高和交通事故率下降的前景使得世界各国都先后开始 ITS 的研究。1970 年，美国提出电子道路导航系统（Electronic Route Guidance System，ERGS），ERGS 通过路侧设备提供车辆导航服务。1973 年，日本提出汽车交通控制综合系统（Comprehensive Automobile Traffic Control System，CACS），CACS 通过路侧设备引导车辆行驶，减少拥堵、避免安全事故、提供应急服务。2011 年，欧盟启动 Drive C2X 车联网项目，车辆配备支持 IEEE 802.11p、UMTS 及 Geo Network 标准的设备，能够与其他车辆及路边基础设施进行数据通信，也能够与汽车总线连接。

1999 年，我国成立国家智能交通系统工程技术研究中心（National Intelligent Transport

System Center of Engineering and Technology，ITSC)，推进智能交通技术研究。2015 年，我国全国高速公路电子不停车收费（Electronic Toll Collection，ETC）系统实现全国联网。ETC 系统通过专用短程通信技术（Dedicated Short Range Communication，DSRC），建立车载单元（On Board Unit，OBU）与路侧单元（Road Side Unit，RSU）之间的微波通信，在不停车的情况下实现车辆身份识别、电子扣费等功能。截至 2020 年底，我国高速公路总里程达到 16 万 km，居世界第一，我国高速公路实现 ETC 功能也成为全球最大的车路协同项目。

目前，汽车正在不断向智能驾驶的方向发展。车联网（Internet of Vehicle，IoV），也从早期的交通信号灯自动化控制，发展到智能交通系统管理，再到车路协同实现汽车的智能驾驶，不断地与汽车技术协同发展，成为汽车上不可或缺的重要组成部分。

二、车联网与智能汽车、智能交通系统的关系

随着全球汽车保有量的快速增长，能源短缺、环境污染、交通拥堵、事故频发等现象日益突出，成为汽车产业可持续健康发展的限制因素。2023 年，我国汽车产销量分别完成 3016.1 万辆和 3009.4 万辆，连续 15 年蝉联全球最大的汽车产销国。我国政府发布了《新能源汽车产业发展规划（2021—2035 年)》《智能汽车创新发展战略》等政策，引导汽车产业健康发展。

广义上讲，智能网联汽车是以车辆为主体和主要节点，融合现代通信和网络技术，使车辆与外部节点实现信息共享和协同控制，以达到车辆安全、有序、高效、节能行驶的新一代多车辆系统。

智能网联汽车与智能汽车、车联网、智能交通系统密切相关，如图 1-1 所示。

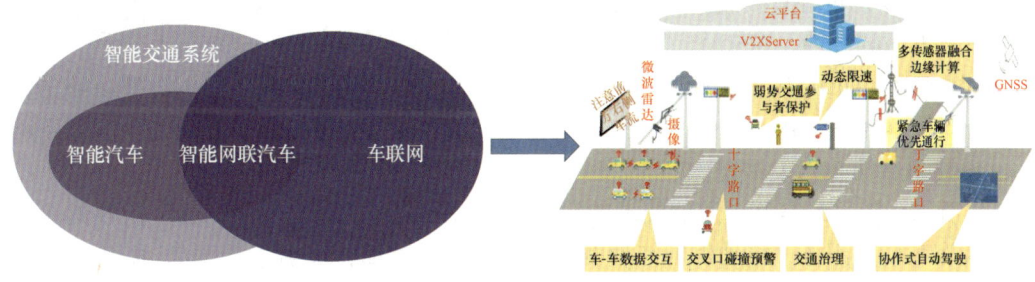

图 1-1 智能网联汽车与智能汽车、车联网、智能交通系统的关系

智能网联汽车是智能交通系统中的智能汽车与车联网交集的产品。智能网联汽车本身具备自主的环境感知能力，也是智能交通系统的核心组成部分，是车联网体系的一个结点，通过车载信息终端可以实现与车、路、行人、业务平台等之间的无线通信和信息交换。智能网联汽车的聚焦点是在车上，发展重点是提高汽车安全性，其终极目标是无人驾驶汽车；而车联网的聚焦点是建立一个比较大的交通体系，发展重点是给汽车提供信息服务，其终极目标是智能交通系统；无人驾驶汽车是汽车智能化与车联网的完美结合。

三、车联网的发展历程

车联网的发展经历了几个阶段。

车联网的萌芽期，其概念与应用无线电通信技术的车载计算机系统混淆。20 世纪 30 年

代，收音机逐渐成为汽车的标准配置，是汽车与通信技术的早期结合，但收音机只能单向地接收无线电信号。

车联网的早期研究阶段，主要是车辆和路边固定位置设备间的 V2I 通信，但通信距离较短，其功能在于向行驶车辆提供可靠的导航辅助、信息分发服务和双向通信服务，依然未能解决车-车通信的问题，其典型应用是车辆紧急呼叫系统（eCall 系统）。

20 世纪 60 年代，美国通用汽车公司参与了阿波罗登月计划，其研制的惯性制导与导航系统催生了车载导航和通信技术。1966 年，通用汽车公司推出 DAIR（Driver Aid, Information and Routing）系统，提供驾驶人辅助、信息服务与路径导航服务，其中实现路径导航的方式是基于汽车与埋在地面下的磁铁通信。1996 年，通用汽车公司在 DAIR 系统的基础上推出世界最早的车联网系统，命名为安吉星（On Star），并增加了远程诊断技术，通过车辆上的警告灯提醒驾驶人是否有故障，避免因对车辆状态不了解而导致发生事故的可能。

2018 年，欧盟规定 9 座以下乘用车和 3.5t 以下商用车强制配备 eCall 系统。eCall 系统由智能车辆系统（Intelligent Vehicle System，IVS）、全球导航卫星系统（Global Navigation Satellite System，GNSS）、蜂窝网络和公共安全应答服务点（Public Safety Answering Point，PSAP）组成，如图 1-2 所示。当发生交通事故时，eCall 系统利用 GNSS 获取车辆的位置信息，激活车载远程通信控制模块，将包含车辆位置、行驶方向、事故发生时间、事故严重程度、车辆标识、乘客人数等重要信息（Most Significant Digit，MSD），以不超过 140B 大小的数据集自动或被动地发送给 PSAP。

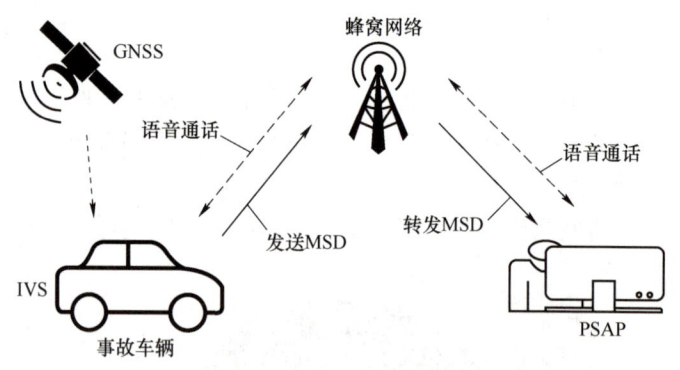

图 1-2 eCall 系统组成

世界移动通信技术发展进程如图 1-3 所示。随着蜂窝移动通信技术的发展，车联网迎来高速发展期，这一阶段的车联网主要围绕车载信息服务、移动娱乐与消费、智能驾驶三方面，逐渐实现车-车通信、车-云通信。2012 年，美国特斯拉汽车公司在 Model S 车型上推出空中下载（Over The Air，OTA）技术，能够通过移动通信接口实现车机系统更新，修补系统漏洞或升级系统功能。我国蔚来、理想、小鹏等智能新能源汽车也都具备 OTA 功能，汽车进入"软件定义汽车"的时代。

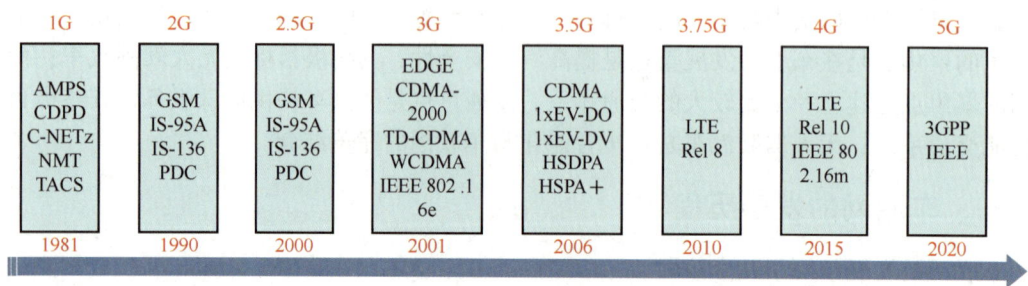

图 1-3 世界移动通信技术发展进程

随着物联网（Internet of Things，IoT）技术和智能交通系统的发展，车联网概念改为"汽车移动物联网"，简称车联网。狭义的车联网，是指通过装载在车辆上的电子标签利用无线射频等识别技术，实现在信息网络平台上对车辆的属性和静、动态信息进行提取和有效利用，并根据不同的功能需求对车辆的运行状态进行有效监管和提供综合服务的系统。

随着车联网技术与产业的发展，车联网的定义有了广度和深度上的延伸。世界电动车协会（World Electric Vehicle Association，WEVA）对车联网的定义是，利用先进传感器技术、网络技术、计算技术、控制技术、智能技术，对道路交通进行全面感知，对每辆汽车进行交通全程控制，对每条道路进行交通全时空控制，实现道路交通"零堵塞""零伤亡"和"极限通行能力"的专门控制网络。可见，车联网运用了先进的信息通信技术，既对车进行控制，又对道路进行控制，与智能网联汽车密切相关。

中国信息通信研究院《车联网白皮书（2017）》对车联网的定义是，借助新一代信息和通信技术，实现车内、车与车、车与路、车与人、车与服务平台的全方位网络连接，提升汽车智能化水平和自动驾驶能力，构建汽车和交通服务新业态，从而提高交通效率，改善汽车驾乘感受，为用户提供智能、舒适、安全、节能、高效的综合服务。网络连接、汽车智能化、服务新业态是车联网的3个核心。

中国智能网联汽车产业创新联盟对车联网的定义是，以车内网、车际网、车云网为基础，按照约定的通信协议和数据交换标准，在车与车、车与路、车与行人之间，进行无线通信和信息交换的大系统网络。

其中，车内网是指通过总线技术建立的一个标准化整车网络；车际网是指基于DSRC技术与LTE-V2X技术构建的实现车与车和车与路侧设备的中短距离通信的动态网络；车云网（也称车载移动互联网）是指车载终端通过3G/4G/5G等通信技术与互联网和云端进行远程无线连接的网络。三者之间的关系如图1-4所示。

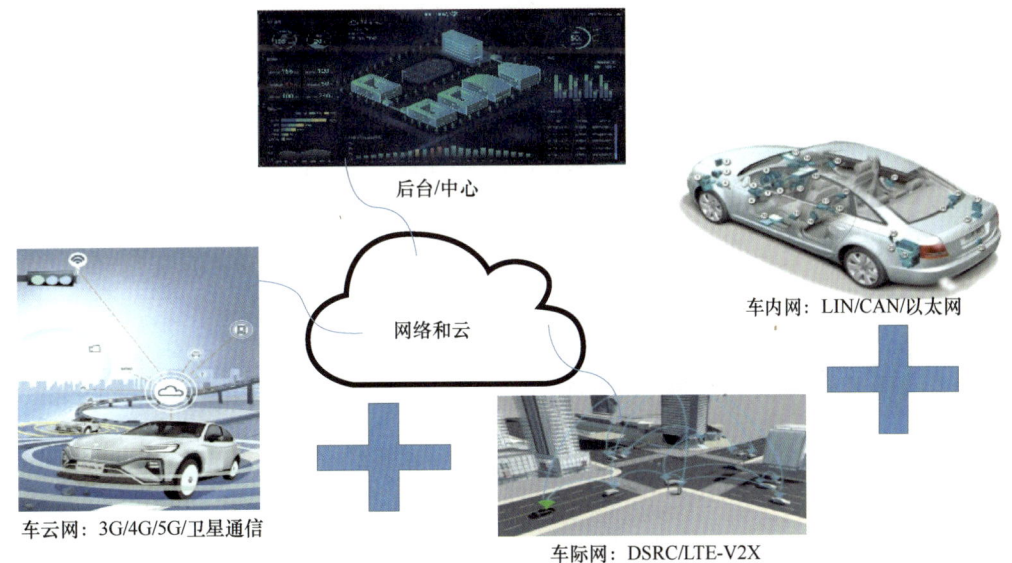

图1-4　车内网、车际网和车云网之间的关系

广义的车联网，包括基于车与车、车与道路基础设施、车与行人以及车与后台数据中心

或者车与云端（Vehicle to Cloud，V2C）等车与其他实体之间的信息交互，又称为 V2X（Vehicle to Everything）或 C2X（Car to Everything）。

随着 5G、6G、卫星通信等移动通信技术的发展，高传输、低时延、高稳定等特性将满足车联网的更高要求，汽车和通信的结合将会从信息化发展到网联化、智能化、云端化等 3 个阶段，汽车将会变得更加智能，更深刻地改变人类出行方式。

【任务实施】

项目	任务名称：车联网功能认知	
	任务实施内容	
任务目标	1. 验证实验车辆的车联网功能，理解车联网与智能交通、自动驾驶之间的关系 2. 培养团队合作精神和严谨细致的工作作风	
任务准备	实施要点	1. 更换实训服，摘掉首饰，长发挽起固定于脑后 2. 准备工具：联网计算机、纸、笔、特殊工具 3. 严禁非专业人员或无教师在场的情况下私自对部件进行操作
	实施记录	是否完成：□是　□否 特殊工具清单：
任务计划	根据任务目标，制订任务实施计划	
	序号　作业项目　　　　　　　　　　　实施要点 1 2 3 4 5 6 7	
车辆初检	实施要点	1. 环车检查，确认漆面、轮胎等是否有问题 2. 记录车辆的品牌、车型、VIN
	实施记录	1. 漆面是否有划痕：□是　□否 如有划痕，位置是： 2. 轮胎是否有鼓包、扎钉：□是　□否 如有鼓包，位置是： 3. 检测轮胎气压：左前：　　　　　　　左后： 　　　　　　　　　右前：　　　　　　　右后： 4. 车辆品牌：　　　　　　　车型： 车辆 VIN：
收音机检查	实施要点	1. 查看是否装备收音机 2. 验证收音机功能
	实施记录	1. 是否装备收音机：□是　□否 如有收音机，位置是：

项目 1　车联网认知

（续）

项目		任务实施内容
收音机检查	实施记录	2. 收音机功能是否正常：□是　□否 通信方式是：□电台收音机　□网络收音机
远程控制功能检查	实施要点	1. 检查是否装备远程控制功能 2. 验证远程控制功能
	实施记录	1. 在手机上安装对应汽车品牌的 APP，安装的是 _____ 2. 验证远程控制功能是否正常 远程开闭车门锁功能是否正常：　　□是　□否 远程开闭车窗功能是否正常：　　　□是　□否 远程开闭行李舱门功能是否正常：　□是　□否 远程寻车功能是否正常：　　　　　□是　□否 远程温度控制功能是否正常：　　　□是　□否 远程车辆定位功能是否正常：　　　□是　□否 远程车辆召唤功能是否正常：　　　□是　□否 其他远程控制功能：_____

（续）

项目		任务实施内容
远程车辆检测功能检查	实施要点	1. 检查车辆是否具备远程检测功能 2. 验证车辆检测功能
	实施记录	1. 检查手机 APP 是否有远程检测功能：□是 □否 车辆检测报告 ● 制动及轮胎 　● 轮胎气压状态 　● 车轮外观损伤 　● 制动管路老化、渗漏 　● 制动片状态 　● 制动盘状态 ● 车辆电子机械 　● 仪表指示系统 　● 空调系统功能 　● 后视镜调整功能 　● 车辆外部所有灯光 　● 刮水器喷水系统（前后风窗玻璃、前照灯） 　● 倒车雷达、影像系统功能 　● 刮水器刮片 ● 发动机舱 　● 传动带 　● 机油液位 　● 发动机舱液位检查（制动、转向、冷却、玻璃洗涤、动力稳定） 　● 蓄电池 　● 冷却系统管路 　● 发动机舱线束是否松脱磨损 如有，进行远程检测，记录车辆检测报告：_____ 2. 将车载诊断系统（OBD）远程诊断头接入车辆诊断座，远程读取故障码和数据流 2:40　　　　　　　　　:::5G ＜　　　　菜单显示 DEMO V14.40： 发动机系统　　　　　　＞ 自动变速器系统　　　　＞ 防抱死制动系统　　　　＞ 安全气囊系统　　　　　＞ 车身控制模块　　　　　＞ 防盗系统　　　　　　　＞ 仪表板组合仪表　　　　＞ 收音机　　　　　　　　＞ 是否有故障码：□是 □否 如有，故障码是_____ 记录第一组数据流：_____

项目 1　车联网认知

（续）

项目		任务实施内容
eCall 功能检查	实施要点	1. 检查车辆是否装备 eCall 系统 2. 验证 eCall 功能
	实施记录	1. 是否装备 eCall 系统：□是　□否 如有，位置是＿＿＿＿＿＿＿＿＿＿ 2. eCall 功能是否正常：□是　□否
驾驶评测功能检查	实施要点	1. 检查车辆是否装备驾驶评测功能 2. 验证驾驶评测功能
	实施记录	1. 是否装置装备驾驶评测功能：□是　□否 2. 是否能通过手机 APP 使用驾驶评测功能：□是　□否 如有，记录驾驶评测功能数据（例如驾驶评测分、百公里油耗、电耗，平均车速等）： ＿＿＿＿＿＿＿＿＿＿＿＿＿＿＿＿＿＿＿＿＿＿＿＿＿＿＿＿＿＿＿＿＿＿
其他车联网功能检查	实施要点	1. 检查是否装备其他车联网功能 2. 验证功能
	实施记录	1. 是否有其他车联网功能：□是　□否 如有，功能是＿＿＿＿＿＿＿＿＿＿ 2. 验证功能是否正常： 功能 1 是否正常：□是　□否 功能 2 是否正常：□是　□否 功能 3 是否正常：□是　□否 功能 4 是否正常：□是　□否 功能 5 是否正常：□是　□否

【质量评价】

任务总结	车联网功能认知的总结： 工作实施情况反思：					
	评价项目	评价标准	自评价	小组评价	教师评价	总体评价
质量评价	知识目标	在任务实施过程中，对车联网的产生、发展历程，车联网与智能汽车、智能交通的关系等知识的掌握程度，进行优、良、中、差评价				
	能力目标	在任务实施过程中，根据学员是否能通过合理使用通用工具和专用仪器，查阅技术文件并进行设备实操，了解车联网功能，进行优、良、中、差评价				
	素养目标	在任务实施过程中，根据学员表现出的团队协作能力、科学探究精神和工匠精神，进行优、良、中、差评价				

【回顾思考】

一、填空题

1. 车联网的英文名称是_____，车载单元的英文名称是_____，路侧单元的英文名称是_____。

2. 中国智能网联汽车产业创新联盟对车联网的定义是，以_____、_____、_____为基础，按照约定的通信协议和数据交换标准，在车与车、车与路、车与行人之间，进行无线通信和信息交换的大系统网络。

3. 智能网联汽车本身具备自主的_____，也是智能交通系统的核心组成部分，是车联网体系的一个结点。

4. 车联网的聚焦点是建立一个比较大的交通体系，发展重点是_____，其终极目标是_____。

二、选择题

1. 1868年，世界第一个交通信号灯是（　　）。
   A. 红、黄、绿色煤气灯　　　　　　　　B. 红、绿色煤气灯
   C. 红、绿色电力信号灯　　　　　　　　D. 无人控制信号灯

2. ETC功能使用（　　）通信技术。
   A. DSRC　　　　B. Wi-Fi　　　　C. 802.11p　　　　D. C-V2X

3. 1956年，美国通用汽车公司展示了世界上第一辆配备了汽车安全和自动导航系统的 Firebird Ⅱ概念车，其原理是（　　）。
   A. GPS导航　　　　　　　　　　　　B. 地磁导航
   C. 在公路下埋设电缆线圈　　　　　　D. 激光导航

三、判断题

1. 车联网的作用是负责车与外界的信息服务。（　　）
2. 车联网的作用是负责车与车之间的信息传递。（　　）
3. 车联网包括车内网、车际网和车云网。（　　）
4. 车联网是物联网技术在交通领域的应用。（　　）
5. 车联网运用了先进的信息通信技术，既对车进行控制，又对道路进行控制，与智能网联汽车密切相关。（　　）

四、简答题

1. 车联网的广义定义是什么？
2. 车联网与智能汽车、智能交通的关系是怎样的？
3. 《车联网集成应用》职业技能等级标准中对初级、中级、高级职业技能等级的要求是什么？
4. 结合工业和信息化部印发的《车联网（智能网联汽车）产业发展行动计划》文件，展望高质量发展车联网产业、实现新型工业化，对全面建设社会主义现代化国家的意义。

任务2　车联网技术分级认知

【情景导入】

2021年6月，清华大学与百度Apollo联合推出全球首个车路协同技术创新白皮书《面向自动驾驶的车路协同关键技术与展望》。

白皮书指出，车路协同自动驾驶（Vehicle-Infrastructure Cooperated Autonomous Driving，VICAD）是在单车智能自动驾驶的基础上，通过车联网将"人-车-路-云"交通参与要素有机地联系在一起，助力自动驾驶车辆在环境感知、计算决策和控制执行等方面的能力升级，加速自动驾驶应用成熟。VICAD 不但可以提供更安全、更舒适、更节能、更环保的驾驶方式，还是城市智能交通系统的重要环节，也是构建新型智慧城市的核心要素。

【任务目标】

知识目标：
1. 了解车联网参考模型。
2. 理解车联网技术分级。
3. 了解 DSRC、LET-V2X、C-V2X 概况。

能力目标：
1. 合理使用通用工具和专用仪器。
2. 查阅技术文件，分析车联网功能的技术分级。
3. 了解《智能汽车大数据管理与应用》职业技能等级标准的工作领域。

素养目标：
1. 培养团队协作的能力。
2. 培养科学探究精神和严谨的工匠精神。
3. 培养爱国主义情怀和民族自信感。

【知识准备】

一、车联网参考模型

为了解决全球采用不同网络标准的设备通信问题，1985 年，国际标准化组织（International Organization for Standardization，ISO）推出开放系统互联模型（Open System Interconnect，OSI）。OSI 参考模型定义了 7 层框架，如图 1-5 所示，它由低到高包括：物理层、数据链路层、网络层、传输层、会话层、表示层、应用层，每一层能实现各自的功能和协议，并完成与相邻层接口的通信。OSI 参考模型是一个逻辑结构，而不是一个具体的计算机设备或网络，其意义在于给不同网络体系提供了统一的框架，使任何两个参考 OSI 模型的网络体系之间可以进行通信。

随着车联网技术与产业的发展，车联网的内涵从交通管理延伸到智能网联汽车和智能交通体系，包括车内网、车际网和车云网 3 个体系架构，其涉及的通信技术非常复杂，并且仍然在发展中。

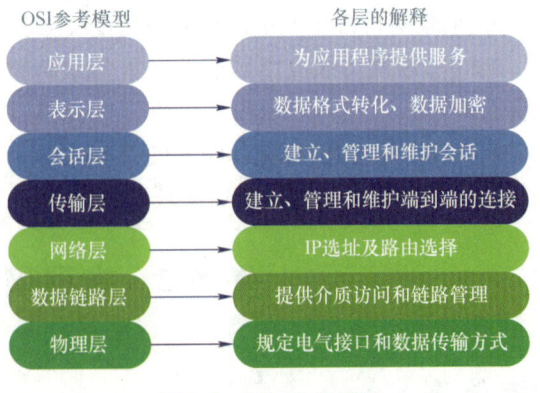

图 1-5　OSI 参考模型

作为物联网的一种行业应用,参照 OSI 参考模型,车联网逻辑架构可以划分为感知层、网络层和应用层 3 层,如图 1-6 所示。

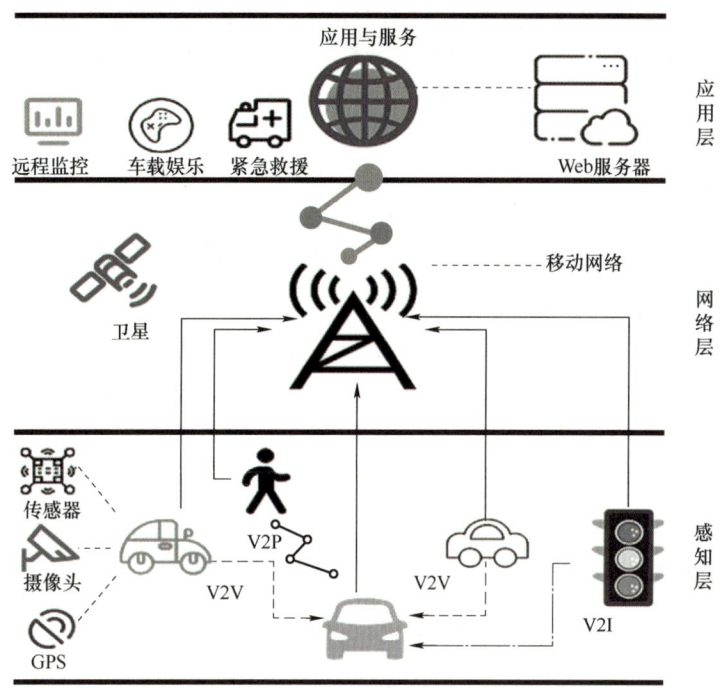

图 1-6 车联网逻辑架构

1. 感知层

感知层进行车辆自身与道路交通信息的全面感知和采集,是车联网的神经末梢,通过传感器、射频识别(Radio Frequency Identification,RFID)、车辆定位等技术,感知层能实时感知车况及控制系统、道路环境、车辆当前位置、周围车辆等信息,实现对车辆自身属性以及车辆外在环境(如道路、人、车等静、动态属性)的提取,为车联网应用提供全面、原始的终端信息服务。

感知层的数据来源包括多个部分,一是对车辆自身的感知,例如速度、加速度、位置、横摆角速度等,主要通过读取 CAN 总线、GPS 和其他感知设备来实现;二是对周围车辆行驶状态的感知和道路环境的感知,前者包括周围车辆的位置、方位、速度、航向角等信息,通过车际通信获取,后者包括交通信号状态、道路拥堵状态、车道驾驶方向等信息,通过车路通信获取;三是通过与后台及第三方应用交互来获取更多的数据,如天气数据、公交车优先调度请求等。

2. 网络层

为了在车-车、车-路、车-人和车-云之间实现信息传递与共享,需要制订通用的通信协议。网络层通过制订满足业务传输需求的能够适应通信环境特征的网络架构和协议模型,在一种网络环境下整合不同实体所感知到的数据;通过向应用层屏蔽通信网络的类型,为应用程序提供透明的信息传输服务;通过对云计算、虚拟化等技术的综合应用,充分利用现有网络资源,为上层应用提供强大的通信支撑和信息支撑服务。

3. 应用层

车联网的各项应用必须在现有网络体系和协议的基础上,兼容未来可能的网络拓展功能。应用需求是推动车联网技术发展的原动力,车联网在实现智能交通管理、车辆安全控制、交通事件预警等功能的同时,能够通过云计算平台向政府管理部门、整车厂商、信息服务商和个人用户等不同类型用户,提供汽车综合服务与管理功能,共享汽车与道路交通数据,支持新型服务形态和商业模式。

由于不同的业务需求和传输环境,车联网采用不同的通信技术,一个实体往往具有多模式的接入能力,比如车载单元具备 Wi-Fi、DSRC、3G、4G、5G、卫星通信等多模式,路侧和后台中心子系统之间采用光纤通信,行人、车辆与中心子系统之间采用蜂窝网接入。由于交通安全需求,对通信技术具有极高的低时延、高可靠性要求,因此需要车与车、车与路之间的实时通信,且不与其他通信系统相互干扰,必须制订专用于车辆环境的通信标准以及开发相应的通信技术。

从产业角度,车联网体系架构可分为数据感知层、网络接入层、网络传控层、信息服务支撑层和信息服务开放平台 5 层,其目的主要是对网络层和应用层进行更细致的划分,以利于产业研究与应用。

二、车联网技术分级

车联网技术对汽车领域的自动驾驶和交通领域的道路网联化、智能化,都提供基础性的通信和连接支撑能力,以实现各个分级中所需要的信息实时共享与交互、协同感知和协同控制。

第三代合作伙伴计划(Third Generation Partnership Project,3GPP)标准组织成立于 1998 年 12 月,由我国和欧洲、美国、日本和韩国等国家或地区的 7 个组织伙伴组成,3GPP 最初的工作范围是为第三代移动通信制定全球适用的技术规范,现逐渐成为全球最大、最重要的国际通信标准组织,并在 5G 标准制定及推进工作方面发挥重要作用。3GPP 定义的车联网标准应用场景见表 1-1。

表 1-1 3GPP 定义的车联网标准应用场景

分类	应用场景
V2V	前方碰撞警告、车辆失控警告、紧急车辆警告、紧急停车、协同自适应巡航控制、基站控制下的通信、预碰撞警告、非网络覆盖下通信、错误驾驶警告、V2V 通信的信息安全
V2P	行人碰撞警告、道路安全警告、交通弱势群体安全应用
V2I	与路侧单元的通信体验、自动停车系统、曲线速度警告、基于路侧设施的道路安全服务、紧急情况下的停车服务、排队警告
V2N	交通流量优化、交通车辆记录查询、提高交通车辆的定位精度、远程诊断、及时修复通知
V2X	漫游下的信息交换、混合交通管理、与外界通信的最低服务质量

2017 年 12 月,全国汽车标准化技术委员会智能网联汽车分技术委员会(SAC/TC114/SC34)成立,秘书处设在中国汽车技术研究中心有限公司,成立了 ADAS、自动驾驶、网联功能与应用、汽车信息安全等专项标准研究工作组。2021 年 8 月,《汽车驾驶自动化分级》(GB/T 40429—2021)发布,根据驾驶自动化系统能够执行动态驾驶任务的程度,将驾驶自动化分为应急辅助、部分驾驶辅助、组合驾驶辅助、有条件自动驾驶、高度自动驾驶、完全

项目 1　车联网认知

自动驾驶等级别。

参照 GB/T 40429—2021《汽车驾驶自动化分级》，按照车联网为车辆提供交互信息、参与协同控制的程度，车联网技术可以分为 3 个等级，见表 1-2，目前大部分汽车厂商处于"网联协同感知"发展阶段。

随着车联网技术的逐级演进，车-车、车-路、车-云之间的信息能进行实时共享与交互，能实现异构多域、多源数据的协同感知，进而实现网联协同决策与智能控制，表 1-3 为基于车联网的协同感知与单车感知在不同应用场景下的比较。

表 1-2　车联网技术分级

网联化等级	等级名称	等级定义	典型信息	传输需求	典型场景	车辆控制
1	网联辅助信息交互	基于车-路、车-云通信，实现导航、道路状态、交通信号灯等辅助信息的获取以及车辆行驶与驾驶人操作等数据的上传	地图、交通流量、交通标志、油耗、里程等静态信息	传输实时性、可靠性要求较低	交通信息提醒、车载信息娱乐服务、eCall 等	人
2	网联协同感知	基于车-车、车-路、车-人、车-云通信，实时获取车辆周围交通环境信息，与车载传感器的感知信息融合，作为自车决策与控制系统的输入	周边车辆/行人/非机动车位置、信号灯相位、道路预警等动态数字化信息	传输实时性、可靠性要求较高	道路湿滑提醒、紧急制动预警、特殊车辆避让等	人/自车
3	网联协同决策与控制	基于车-车、车-路、车-人、车-云通信，实时并可靠获取车辆周边交通环境信息及车辆决策信息，车-车、车-路等各交通参与者之间信息进行交互融合，形成车-车、车-路等各交通参考者之间的协同决策与控制	车-车、车-路、车-云的协同控制信息	传输实时性、可靠性要求最高	队列跟驰等	人/自车/他车/云

表 1-3　基于车联网的协同感知与单车感知在不同应用场景下的比较

	应用场景	基于车联网的车路协同感知	基于车载雷达、相机的单车感知	备注
车-车协同应用场景	AEB/LDW 等 ADAS 应用	增强	能	雷达、相机可以提供近距离高精度感知信息
	ACC 等部分自动驾驶应用	不需要	能	雷达、相机可以实现一定工况条件下的部分自动驾驶
	车辆编队行驶	支持	不支持	解决多车协同感知和控制问题
	高优先级车辆通行	支持	不支持	解决车与车之间的协同优化问题

(续)

	应用场景	基于车联网的车路协同感知	基于车载雷达、相机的单车感知	备注
车-车与车路协同应用场景	AVP应用	复杂场景需要	需要	解决遮挡感知问题
	高速公路弯道/出入匝道口	预知更早	困难	解决单车的非视距盲区感知问题
	恶劣天气条件下的红绿灯感知、高速公路团雾条件下的感知	能	困难	解决单车在恶劣条件下的感知问题
	出入隧道安全	支持	困难	解决单车在极端条件下的感知问题
	十字交叉路口	强	困难	解决单车的非视距盲区感知、交通通行效率问题
	区域或广域范围交通感知	有	无	拓展感知范围

三、车联网技术演进

多样化的通信性能需求，给车联网技术带来巨大挑战。例如，V2I应用的需求以高频度、低时延、高可靠为主；V2N应用的需求是需要下载地图、视频等，对带宽要求高，但对时延要求不高；车辆编队行驶、半/全自动驾驶、远程驾驶、传感器扩展等智能交通增强应用的需求，是更严苛的通信需求，如极低的通信时延、极高的可靠性、更大的传输速率、更远的通信范围、更高的移动速度和更强的抗干扰能力和安全机制等。

车联网通信技术标准主要有两大类：专用短程通信（DSRC）标准和蜂窝车联网（Cellular Vehicle-to-Everything，C-V2X）标准。

DSRC是专用于车-路、车-车双向直通通信的技术。1992年，美国材料与试验协会（American Society for Testing and Materials，ASTM）为了解决电子不停车收费（ETC）系统的OBU和RSU设备间通信问题，首先提出了使用915MHz频段的DSRC技术。2004年，美国电气与电子工程师协会（Institute of Electrical and Electronics Engineers，IEEE）制定了IEEE 802.11p标准，又称车辆环境中的无线接入（Wireless Access in the Vehicular Environment，WAVE）标准，定义了DSRC物理标准；2013年制定IEEE 1609标准，定义了DSRC的网络架构和流程；2016年，美国汽车工程师学会制定了SAE J2735标准，定义了DSRC消息集字典。IEEE 802.11p、IEEE 1609和SAE J2735，构成了DSRC的物理层、网络层和消息结构的基本框架。

基于IEEE 802.11p的DSRC技术，本质上是用5G Wi-Fi技术实现的短距离无线传输，支持V2X直通通信，是美、欧、日等国家或地区力推的车联网通信技术标准，其中美国专用频段为5.850~5.925GHz，日本专用频段为5.79~5.81GHz和5.83~5.85GHz，欧洲专用频段为5.795~5.815GHz。由于DSRC具有技术成熟、易于实施的优点，我国的高速公路不停车收费（ETC）系统也使用DSRC技术，采用了与欧洲相同的5.795~5.815GHz频段。

C-V2X是融合蜂窝通信与直通通信的车联网通信技术，随着蜂窝移动通信系统从4G到

5G 的演进，C-V2X 又包括 LTE-V2X 和 NR-V2X。大唐电信和华为公司等中国企业牵头制定了 3GPP 的 R14 标准，在蜂窝通信中引入了支持 V2X 短距离直通通信的 PC5 接口，支持面向基本道路安全业务的通信需求，主要实现辅助驾驶功能。R15 标准的 LTE-V2X 对直通链路进行了增强，包括多载波操作、高阶调制（64QAM）、发送分集和时延缩减等新技术特性。R16 标准完成了 NR-V2X 标准化，通过 PC5 接口和 Uu 接口增强，支持车辆编队行驶、远程驾驶、传感器扩展等高级 V2X 需求。目前仍在研究中的 R17 标准，主要研究弱势道路参与者的应用场景，研究直通链路中终端节电机制、节省功耗的资源选择机制，并开展终端之间资源协调机制的研究以提高直通链路的可靠性和降低传输的时延。C-V2X 标准演进如图 1-7 所示。

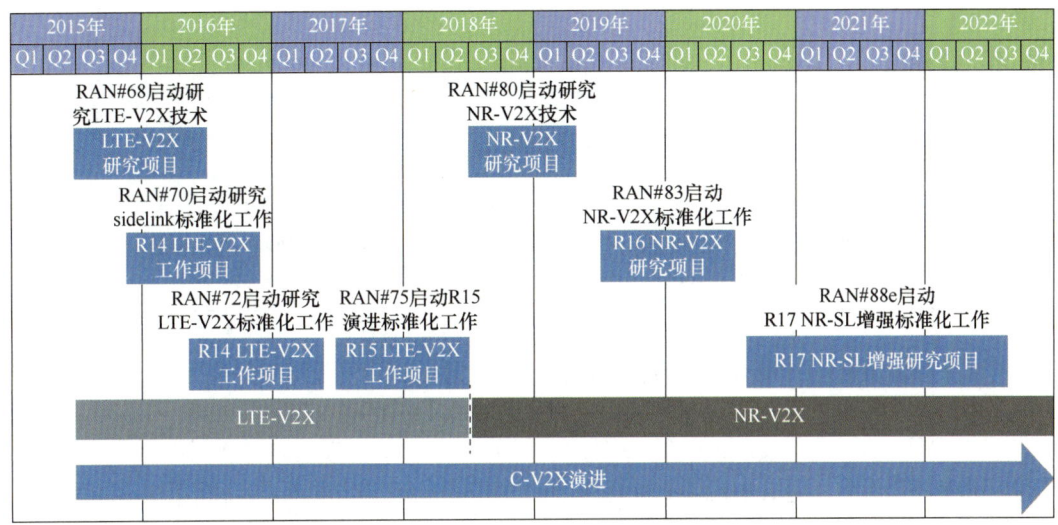

图 1-7　C-V2X 标准演进

目前 C-V2X 相比 DSRC，在国际技术与产业竞争中已形成明显超越态势。我国在 C-V2X 应用需求研究、技术研究、设备研发、测试验证、产业推动、应用推广等取得领先优势，工业和信息化部于 2018 年，将 5.905～5.925GHz 频段作为 LTE-V2X 车联网试点应用频段。2020 年 11 月，美国联邦通信委员会（Federal Communications Commission，FCC）决定取消已分配给 DSRC 的 5.850～5.925GHz 频段，将其中 5.895～5.925GHz 共 30MHz 带宽分配给 C-V2X，表明美国政府放弃 DSRC 而转向 C-V2X 技术路线。

LTE-V2X 标准已基本成熟，NR-V2X 标准尚处于研究、完善阶段。LTE-V2X 技术相对其他通信技术具有巨大的性能优势（表1-4），而基于 5G 的 NR-V2X 将具有更强大的性能，例如峰值速率可以达到 10Gbit/s 以上，传输时延可以小于 1ms。

表 1-4　LTE-V2X 技术与其他通信技术的性能比较

特性	LTE-V2X 蜂窝模式	LTE-V2X 直联模式	DSRC	Wi-Fi	WiMAX
时延	端到端时延 100ms	<50ms	<50ms	秒级	秒级
移动性	500km/h	500km/h	200km/h	<5m/h	>60m/h

（续）

特性	LTE-V2X 蜂窝模式	LTE-V2X 直联模式	DSRC	Wi-Fi	WiMAX
通信距离	<1000m	<500m	<1000m	<100m	>15km
数据传输率	500Mbit/s	12Mbit/s	3~27Mbit/s	6~54Mbit/s	1~32Mbit/s
通信带宽	1.4~20MHz	20MHz	10MHz	20MHz	<10MHz
通信频率	LTE bands	5.905~5.925GHz	5.86~5.925GHz	2.4/5.8GHz	2.5GHz
标准	3GPP	3GPP	802.11p	802.11a, c	802.11e

【任务实施】

任务名称：车联网架构认知	
项目	任务实施内容
任务目标	1. 分析实验车辆的若干典型车内网、车联网工作逻辑，理解车联网架构与技术分级 2. 培养团队合作精神和检索、运用技术资料的能力
任务准备	实施要点：1. 更换实训服，摘掉首饰，长发挽起固定于脑后 2. 准备工具：联网计算机、纸、笔、特殊工具 3. 严禁非专业人员或无教师在场的情况下私自对部件进行操作 实施记录：是否完成：□是　□否 特殊工具清单：_____
任务计划	根据任务目标，制订任务实施计划 | 序号 | 作业项目 | 实施要点 | |---|---|---| | 1 | | | | 2 | | | | 3 | | | | 4 | | |
车辆初检	实施要点：1. 环车检查，确认漆面、轮胎等是否有问题 2. 检查车辆仪表、控制按键是否能正常工作，通过故障解码器读取是否有故障码 实施记录：1. 漆面是否有划痕：□是　□否，如有，位置是_____ 检测轮胎气压：左前：_____　左后：_____　右前：_____　右后：_____ 2. 车辆仪表是否正常显示：□是　□否，如不正常，故障提示是_____ 车辆控制按键是否正常：□是　□否，如不正常，不正常的按键是_____ 车辆是否有故障码：□是　□否，如有，故障码是_____
车内网 功能验证	实施要点：1. 在车辆左前位置，通过主控按键分别控制4个车门的车窗升降 2. 踩下制动踏板，检查制动灯是否亮，制动器是否有夹紧动作

项目1 车联网认知

（续）

项目		任务实施内容
车内网 功能验证	实施记录	1. 4个车门的车窗升降是否正常：□是　□否，如不正常，故障现象是_____ 查阅车辆手册，绘制车窗升降控制系统的电路原理图，并标记 LIN、CAN 总线 其中，LIN 的波特率为_____，用以在_____和_____间传递信息 车身 CAN 的波特率为_____，用以在_____和_____间传递信息 2. 踩下制动踏板，制动灯是否亮：□是　□否，如不亮，故障原因是_____ 制动器是否有夹紧动作：□是　□否，如没有，故障原因是_____ 查阅车辆手册，绘制制动灯控制系统电路原理图，并标记 CAN 总线 查阅车辆手册，绘制 ABS 控制电路原理图，并标记 CAN 总线 底盘 CAN 的波特率为_____，用以在_____和_____间传递信息

（续）

项目		任务实施内容
车联网功能验证	实施要点	1. 检查车辆是否有 DSRC 功能 2. 检查车辆是否有 LTE-V2X 功能 3. 检查车辆是否有 NR-V2X 功能
	实施记录	1. 检查车辆是否有 ETC 设备：□是　□否 如有 ETC 设备，是否为一体化设备：□是　□否 2. 在手机安装"ETC 助手"APP，通过蓝牙与 ETC 设备连接，检测设备状况 设备信号状况：_____；电量监控状况：_____ 设备损耗情况：_____；黑名单状况：_____ 设备使用状态：_____；设备激活状态：_____ 3. 检查车机主屏上方显示，是否有 4G 信号标签：□是　□否 是否有 5G 信号标签：□是　□否 将车机网络设置为热点模式，将计算机接入车机网络，在浏览器登录测速网网站，对车机网络进行测速： 下行速率_____/Mbit/s，上行速率_____/Mbit/s，时延_____ms。 4. 检查实验车辆的车联网功能主要有：_____ _____ 5. 根据实验车辆的车联网功能，网联化水平属于_____级别

项目1 车联网认知

【质量评价】

任务总结	车联网架构和技术分级的总结：				
	工作实施情况反思：				

	评价项目	评价标准	自评价	小组评价	教师评价	总体评价
质量评价	知识目标	在任务实施过程中，对学员关于车联网的逻辑架构、技术分级和DSRC、C-V2X概况等知识的掌握程度，进行优、良、中、差评价				
	能力目标	在任务实施过程中，根据学员是否能通过合理使用通用工具和专用仪器，查阅技术文件并进行设备实操，了解车内网、车联网功能，进行优、良、中、差评价				
	素养目标	在任务实施过程中，根据学员表现出的团队协作能力、科学探究精神和工匠精神，进行优、良、中、差评价				

【回顾思考】

一、填空题

1. OSI开放系统互联模型，由低到高包括_____、_____、_____、_____、会话层、表示层、_____7层。

2. DSRC 的英文是_____，是专用于车-路、车-车双向直通通信的技术；C-V2X 的英文是_____，是融合蜂窝通信与直通通信的车联网技术。

3. 随着车联网技术与产业的发展，车联网的内涵从交通管理延伸到智能网联汽车和智能交通体系，包括_____、_____和_____ 3 个体系架构。

4. 参照《汽车驾驶自动化分级》标准，按照车联网为车辆提供交互信息、参与协同控制的程度，车联网技术可以分为_____、_____、_____ 3 个等级。

二、选择题

1. 车联网逻辑架构可以划分为（　　）3 层。
   A. 物理层、数据链路层、网络层　　B. 感知层、网络层、应用层
   C. 物理层、数据链路层、应用层　　D. 物理层、网络层、应用层

2. 车联网体系架构可以划分为（　　）5 层。
   A. 数据感知层、网络接入层、网络传输层、信息服务支撑层、信息服务开放平台
   B. 数据感知层、网络接入层、网络传输层、信息服务支撑层、信息服务开放层
   C. 数据感知层、网络接入层、网络传控层、信息服务支撑层、信息服务开放平台
   D. 数据感知层、网络接入层、网络传控层、信息服务支撑层、信息服务应用层

3. 国际通信标准组织 3GPP 定义了车联网应用场景，以下（　　）应用场景不是 V2V 的。
   A. 前方碰撞警告　　B. 车辆失控警告
   C. 自动停车系统　　D. 紧急停车

4. 车联网技术分级中，（　　）场景属于网联辅助信息交互等级。
   A. eCall 服务　　B. OTA 和 FOTA 服务
   C. 电子地图服务　　D. 紧急制动预警

三、判断题

1. 物理层为设备之间的数据通信提供传输媒体及互连设备，为数据传输提供可靠的环境，规定了接口的机械、电气、功能和规程特性。（　　）

2. 感知层的数据来源于对周围车辆行驶状态的感知和道路环境的感知，前者包括周围车辆的位置、方位、速度、航向角等信息，通过车际通信获取，后者包括交通信号状态、道路拥堵状态、车道驾驶方向等信息，通过车路通信获取，车联网的作用是负责车与车之间的信息传递。（　　）

3. DSRC 技术由 ASTM 提出，用于解决电子不停车收费（ETC）系统的 OBU 和 RSU 设备间通信问题。（　　）

4. C-V2X 融合蜂窝通信与直通通信技术，并且随着蜂窝移动通信技术的发展，拥有比 DSRC 技术更远的通信距离、更快的通信速率和更低的通信时延。（　　）

四、简答题

1. 车联网逻辑架构包括哪几层，各层的功能是什么？
2. 车联网技术分级包括哪几级，各级定义是什么？
3. 简述 C-V2X 的演进情况。

项目 2
车载网络关键技术

任务 1　LIN 技术应用

【情景导入】

党的二十大报告提出，到 2035 年，基本实现新型工业化、信息化、城镇化、农业现代化。智能网联汽车（车联网）产业是新兴战略产业，对实现新型工业化具有重要意义。汽车的智能和网联，离不开电控单元的全面网络化，由于 LIN 总线具有低成本和简单易用的优点，成为实现车辆内部低速网络通信的关键技术。车载总线系统如图 2-1 所示。

【任务目标】

知识目标：
1. 了解 LIN 总线的产生、发展历程。
2. 掌握 LIN 总线的结构和通信机制。

图 2-1　车载总线系统

能力目标：
1. 合理使用工具和仪器，测量 LIN 总线信号波形。
2. 查阅技术文件，分析 LIN 总线信号波形，诊断和排除 LIN 总线简单故障。

素养目标：
1. 培养团队协作的能力。
2. 培养科学探究精神和严谨的工匠精神。

【知识准备】

一、LIN 总线概述

随着汽车内电子设备的增多,对于低成本总线的需求日益强烈,不同的车厂相继开发各自的串行通信(UART/SCI)协议。UART 是一种通用的串行通信接口,通过发送和接收电平变化实现在车辆内部的电子设备之间简单的、点对点的数据传输,协议包括 RS-232 和 RS-485 等标准。SCI 是一种更具体的串行通信协议,它通常由特定的汽车制造商或电子系统供应商开发和使用,往往在物理层和数据帧格式方面有自己的规范,以满足特定应用或系统的需求。为了解决不同车厂定义的协议兼容性的问题,1998 年欧洲五大车企(宝马公司、大众公司、奥迪公司、沃尔沃公司、梅赛德斯-奔驰公司)成立联合工作组,开发了一种定位于车身电子领域的传感器(Sensors)和执行器(Actuators)组网的串行通信总线,即本地互连网络(Local Interconnect Network,LIN)总线。

LIN 总线上所有设备基本处于相邻的物理空间,通常具有"局域"的特性,在汽车中不独立存在,由 LIN 总线构建的区域子系统再经由 ECU(或网关等)接入到上层的 CAN 总线,形成 CAN-LIN 网关节点,如图 2-2 所示。

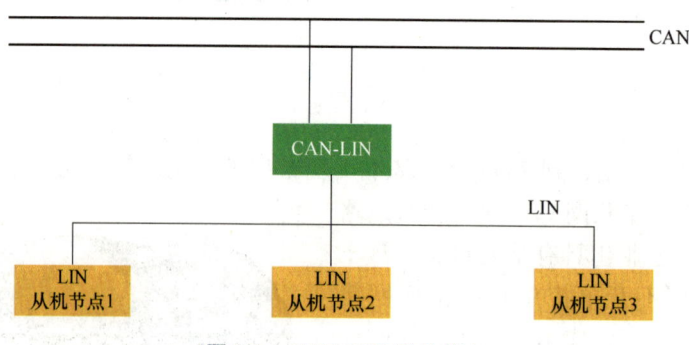

图 2-2 CAN-LIN 网关节点

与 CAN 总线相比,LIN 总线更为简单,对单片机的要求也不高,基本的串口就可以实现通信,成本较低,因此被广泛应用于汽车电控单元之间的通信,如车门电控单元、天窗电控单元、空调电控单元等。随着近年的应用和普及,LIN 总线得到了不断发展。

LIN 总线具有以下特征:

1)单主控器/多从设备模式。LIN 总线是一种点对多通信模式,其中一个主控制器与多个从设备通信,且最多支持 15 个从机节点,如图 2-3 所示。在 LIN 总线上,没有仲裁机制,只有一个主控制器可以主动发起通信,从设备只能在主控制器发起通信时被动响应。这种简单的通信模式使得 LIN 总线的成本更低。

2)低成本。相对于其他汽车总线协议如 CAN 总线,LIN 总线的成本更低,因为它只需要基于通用 UART 接口的硬件即可实现通信。大多数控制器都带有 UART 接口,这使得控制器能够轻松地与 LIN 总线进行通信。

3)单信号线传输。LIN 总线只需要一根信号线即可实现数据传输,降低了总线的成本,减少了线束数量,使得车辆更加轻便。

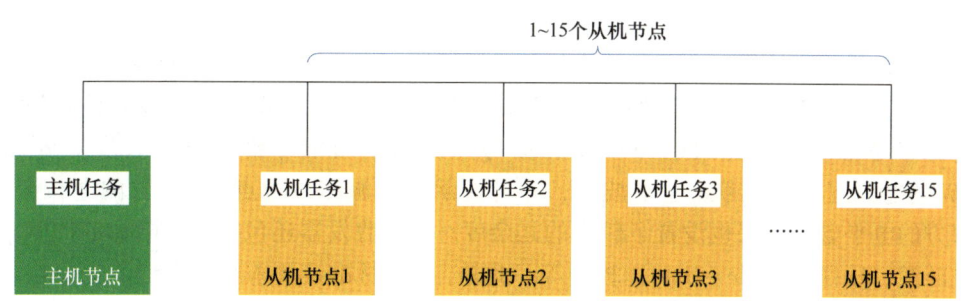

图 2-3 LIN 总线的连接形式

4)可预测的电磁兼容性能。为了限制电磁干扰的强度,LIN 协议规定最大传输速率为 20kbit/s。这种低速传输使得 LIN 总线在车辆中的电磁兼容性能更加可预测和可控,降低了信号干扰的可能性。

5)提供信号的配置、处理、识别和诊断功能。LIN 总线提供了信号的配置、处理、识别和诊断功能。通过这些功能,汽车制造商可以更好地控制车辆中的各个系统,进行故障排查和维护。

二、LIN 总线的组成

LIN 总线的组成较简单,包括传输总线、协议控制器(Protocol Controller)和总线收发器(Bus Transceiver)三部分。

1. 传输总线

传输总线由一条单独的数据主线和地线构成。由于地线在车辆上是搭铁线,所以 LIN 总线的地线通常使用的是电子单元的搭铁线,实现了"单总线"结构。由于 LIN 总线的通信速率较慢,一般不大于 20kbit/s,所以不需要像 CAN 总线一样考虑电缆的阻抗匹配等问题。

2. 协议控制器

协议控制器的主体是一个基于 UART/SCI 的通信控制器,其工作方式是半双工。协议控制器既可以使用专用模块实现,也可以用"UART/SCI+定时器"实现。现在的车载 ECU 内部的单片机几乎都嵌入搭载了支持硬件级 LIN 功能的 UART 模块。协议控制器需要能完成至少以下 3 个功能。

(1)数据的收发 数据发送时,协议控制器把二进制并行数据转变成高-低电平信号,并按照规定的串行格式(8 数据位,1 停止位,无校验位)送往总线收发器。接收时,协议控制器把来自总线收发器的高、低电平信号按照同样的串行格式储存下来,然后再将储存结果转换成二进制并行数据。

(2)产生和识别帧的同步间隔段 同步间隔段包含一个低电平脉冲,长度至少为 13 位。发出和识别同步间隔段虽然增加了硬件设计的复杂度,但是从接收方的角度看,这样做能把同步间隔段与普通的数据字节区别开,确保了同步信息的特殊性。

(3)执行本地 CPU 的唤醒 需要唤醒时,主机节点的协议控制器通过总线收发器向 LIN 总线送出唤醒信号。从机节点的协议控制器要能识别总线唤醒的信号。当收到来自 LIN 总线的唤醒信号时,协议控制器能够正确动作,进入规定的通信状态。

3. 总线收发器

总线收发器的主体是一个双向工作的电平转换器，完成协议控制器的高、低电平与 LIN 总线的隐性、显性电平之间的转换。LIN 2.2 标准规定，LIN 总线的电平参考点是总线收发器的电源参考点。为了克服电源波动和参考点漂移的影响，要求总线收发器要能承受 ±11.5% 的电源波动和参考点电平波动，并且能承受电源和参考点之间 8% 的电位差波动。收发双方的电平鉴别门限也设置了较大的冗余度。总线收发器还包括一些附加的功能，如总线阻抗匹配、压摆率（Slew-Rate）控制等。此外，LIN 标准还要求某个本地节点掉电或工作异常时，不能影响总线上其他节点工作。

当主机节点或从机节点向 LIN 总线发送报文时，LIN 总线电压波形如图 2-4 所示。

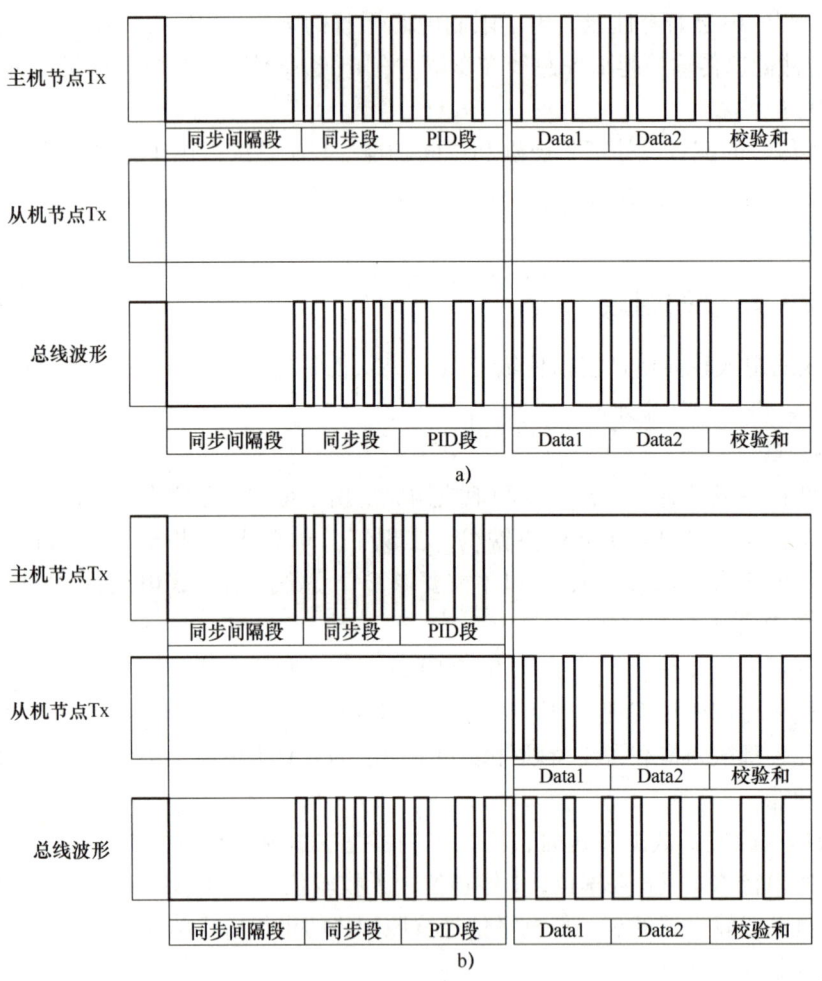

图 2-4 LIN 总线电压波形

a）主机发送 b）从机发送

无论什么时候 LIN 总线发起新的数据帧通信，帧头都由主机节点发布。当主机节点要发布数据时，整个数据帧全部由主机节点发送；当从机节点要发布数据时，帧头部分由主机节点发布，应答部分由从机节点发布。总线上其余节点都能收到完整的报文。所以，LIN 总线的通信都是由主机节点发起，只要合理地规定好每个节点的响应 ID 等配置，就不会存在总线冲突的情况。

三、LIN 报文帧结构

LIN 报文帧由帧头（Header）与应答（Response）两部分组成，传输过程中，主机节点负责发送所有的帧头；从机节点负责接收帧头，然后进行解析，并决定执行发送应答、接收应答或不回复的操作。LIN 总线各节点的发送顺序如图 2-5 所示。

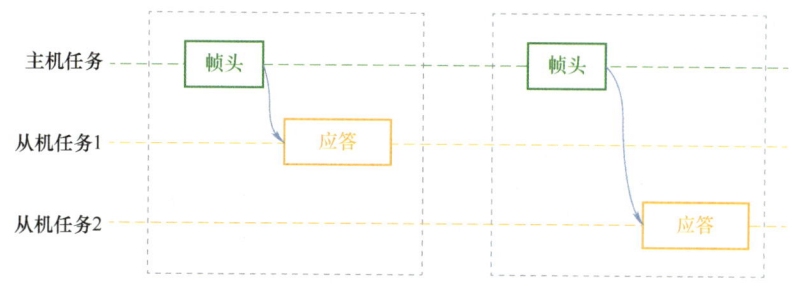

图 2-5 LIN 总线各节点的发送顺序

LIN 总线的帧结构如图 2-6 所示，每个 LIN 数据帧由帧头域和应答域 2 部分组成，帧头域包括同步间隔段、同步段、受保护 ID 段，应答域包括数据段、校验和段。与 CAN 总线相同，低电平"0"表示显性电平、高电平"1"表示隐性电平，在总线上实行"线与"运算机制：当总线有至少一个节点发送显性电平时，总线呈现显性电平；所有节点均发送隐性电平或者不发送信息时，总线呈隐性电平，即显性电平起着主导作用。

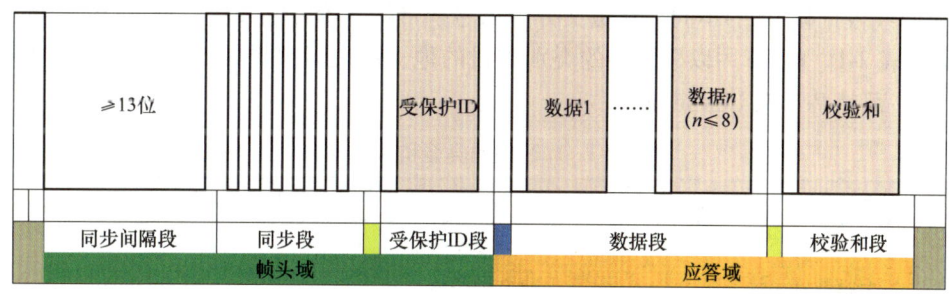

图 2-6 LIN 总线的帧结构

1. 同步间隔段

同步间隔段用于表示一个新帧的开始，由同步间隔和同步间隔段的间隔符组成。

同步间隔段是至少持续 13 位的显性电平。由于帧中的所有间隔或总线空闲时都应保持隐性（高）电平，并且帧中的任何其他字段都不会发出大于 9 位的显性电平，因此至少持续 13 位的同步间隔段可以标志一个帧的开始，而不会造成误判。

同步间隔段的间隔符是至少持续 1 位的隐性电平。

2. 同步段

在 LIN 数据帧中，除了同步间隔段，其后的各段都是通过字节域的格式传输。

字节域是指在 UART 异步串行通信中发送一个字节（8bit）的数据，需要完整发送的 10 个 bit，包括 1 位起始位（Start Bit，显性）、8 位数据位和 1 位停止位（Stop Bit，隐性）。

在 LIN 数据帧中，数据传输是先发送最低有效位（Least Significant Bit，LSB），然后发送最高有效位（Most Significant Bit，MSB）。LIN 同步段以电平的下降沿作为判断标志。在 1 个 bit 的固定时间内，发现下降沿则认为此 bit 为显性电平"0"，没有发现下降沿则认为这个 bit 为隐性电平"1"。

同步段通过发送一个固定的字节 0x55（0101 0101）进行同步。这是一个连续 8 位的高低切换字节，非常有规律。从机若需要知道主机每个 bit 的时间，就可以用定时器计时这 8 个 bit 中，从起始位第一个下降沿到最后一个下降沿的时长，再除以 8，即为平均每个 bit 的传输时间，这样就知道了主机发送信息的节奏，进而能准确地接收后面每个 bit 的信息，如图 2-7 所示。

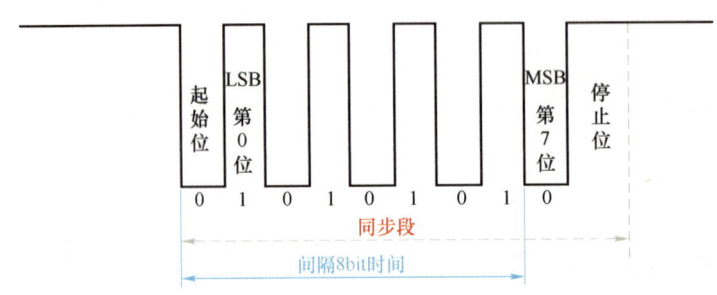

图 2-7 同步段发送的内容

3. 受保护 ID 段

受保护 ID 段由 6 位帧 ID 和 2 位奇偶校验组成。

LIN 总线根据帧 ID 的不同，将报文分为信号携带帧、诊断帧和保留帧，LIN 帧的类型和对应 ID 见表 2-1。帧 ID 用以标识帧的类别和目的地，从机对帧头做出的反应（接收/发送/忽略应答）都是基于帧 ID 判断的。

表 2-1 LIN 帧的类型和对应 ID

帧的类型		帧 ID
信号携带帧	无条件帧	0x00~0x3B
	事件触发帧	
	偶发帧	
诊断帧	主机请求帧	0x3C
	从机应答帧	0x3D
保留帧		0x3E, 0x3F

校验位的第 1 位取 ID 段的 0、1、2、4 位进行异或运算，校验位的第 2 位取 ID 段的 1、3、4 位进行异或运算。主机发送时计算这两位后加在 ID 号后面，从机接收完 ID 号后也按相同的规则计算，并与接收到的这两位比对，相同则认为 ID 传输正确，不同则认为 ID 接收出错，进入错误处理状态。

4. 数据段

数据段由 1~8 个字节组成，可以分为信号和诊断消息 2 种数据类型，信号由信号携带帧传递，诊断消息由诊断帧传递。

与 CAN 总线不同，LIN 协议中并没有规定数据长度的信息，数据内容和长度由设计者根据帧 ID 提前设定。LIN2.2 标准规定可传输的 LIN 字节数为 2、4、8，并不是 1~8 内任意一个数字。

总线上的数据以广播形式发出，任何节点都可收到，但并非对每个节点有用。具体到发布与接听是由哪个节点完成，这取决于应用层的配置。通常情况下，帧的应答，总线上只存在一个发布节点，否则会出现错误。事件触发帧是例外，它可能出现 0、1 和多个发布节点。

5. 校验和段

校验和（Checksum）段用以对帧中所传输的内容进行校验。

校验和分为标准型校验和（Classic Checksum）、增强型校验和（Enhanced Checksum）2 种校验和形式。由主机节点管理校验和形式，发布节点和各收听节点根据帧 ID 来判断采用哪种校验和。标准型校验和只保护数据段，增强型校验和同时保护数据段和帧 ID 段。LIN1.X 标准只支持标准型校验和，LIN2.X 标准支持增强型校验和。此外，帧 ID 为 60/61 的诊断帧只支持标准校验和，LIN 帧两种不同的校验和方式见表 2-2。

表 2-2 LIN 帧两种不同的校验和方式

校验和类型	校验对象	适用场合
标准型校验和	数据段各字节	诊断帧，与 LIN1.X 从机节点通信
增强型校验和	数据段各字节以及受保护 ID	与 LIN2.X 从机节点通信（诊断帧除外）

【任务实施】

任务名称：LIN 总线波形分析		
项目	任务实施内容	
任务目标	1. 能够使用示波器捕捉 LIN 总线报文帧波形 2. 能够查阅技术资料，解析 LIN 报文的结构组成	
任务准备	实施要点	1. 更换实训服，摘掉首饰，长发挽起固定于脑后 2. 准备工具：联网计算机、纸、笔、特殊工具 3. 严禁非专业人员或无教师在场的情况下私自对部件进行操作
	实施记录	是否完成：□是 □否 特殊工具清单：
任务计划	根据任务目标，制订任务实施计划	
	序号 | 作业项目 | 实施要点 1 | | 2 | | 3 | | 4 | |	
示波器功能检查	实施要点	1. 连接示波器，设置示波器探头衰减倍率 2. 设置示波器的时间轴、电压轴大小和触发电平 3. 进行示波器自检

（续）

项目	任务实施内容	
示波器 功能检查	实施记录	1. 是否接通示波器电源：□是 □否 如果不能正常开机，问题是_____ 2. 是否将示波器探头连接到示波器 CH1、CH2 通道：□是 □否 如果探头、探针有损坏，位置是_____ 3. 是否将探头衰减倍率开关设置为 10X 段：□是 □否 4. 是否将探头的探针和接地夹连接到示波器补偿信号输出端口：□是 □否 5. 是否按示波器 auto 键，是否显示方波：□是 □否 方波频率为____Hz，幅值为____V 示波器校准
LIN 总线 波形读取	实施要点	1. 正确连接电路 2. 记录 LIN 总线电压波形
	实施记录	1. 将示波器 CH1 通道探头的探针和接地夹分别连接到 LIN 总线的 L 线和接地，调整示波器，使用下降沿单次触发模式，按下启动捕捉键，触发捕捉并保持波形，记录波形 LIN 总线波形采集 2. 分析波形数据 | | 波特率 | 幅值 | 帧持续时间 | |---|---|---|---| | LIN 总线 | | | |
	分析	本实验 LIN 总线是否有故障：□是 □否 LIN 总线报文 ID： LIN 总线报文帧形式： LIN 总线报文数据内容： LIN 总线报文校验和：

项目 2　车载网络关键技术

（续）

项目	任务名称：LIN 总线报文监听与传输	
	任务实施内容	
任务目标	1. 能够使用示波器的逻辑分析仪功能进行 LIN 总线报文监听 2. 能够查阅技术资料，试验并推测 LIN 报文的数据功能	
任务准备	实施要点	1. 更换实训服，摘掉首饰，长发挽起固定于脑后 2. 准备工具：联网计算机、纸、笔、特殊工具 3. 严禁非专业人员或无教师在场的情况下私自对部件进行操作
	实施记录	是否完成：□是　□否 特殊工具清单：

任务计划	根据任务目标，制订任务实施计划		
	序号	作业项目	实施要点
	1		
	2		
	3		
	4		

读取 LIN 总线报文	实施要点	1. 掌握示波器的逻辑分析仪功能用法 2. 使用逻辑分析仪捕捉 LIN 帧并解析验证				
	实施记录	1. 是否成功连接示波器设备，打开逻辑分析仪功能：□是　□否 2. 是否用逻辑分析仪捕捉到 LIN 报文：□是　□否 3. LIN 报文内容记录				
		序号	同步间隔段	同步段	PID 段	数据段长度	校验和段
		1					
		2					
		3					
		4					
		5					
		6					
		7					
		8					

LIN 总线
报文解析

LIN 报文 反编译	实施要点	1. 参考技术资料，分析 LIN 总线报文规则 2. 使用示波器监测 LIN 总线报文 3. 人为改变某控制器的状态，分析报文变化，实现反编译		
	实施记录	1. 是否成功连接示波器设备，打开逻辑分析仪功能，捕捉 LIN 报文：□是　□否 2. 人为改变某控制器的状态，记录报文变化：		
		序号	控制器状态	报文 ID	报文数据内容
		1			
		2			
		3			
		4			
		5			
		6			
		7			
		8			

【质量评价】

任务总结	对 LIN 技术应用的小结：				
	工作实施情况反思：				
	评价项目	评价标准	自评价	小组评价	教师评价	总体评价
质量评价	知识目标	在任务实施过程中，对学员关于 LIN 总线的组成、协议、数据帧等知识的掌握程度，进行优、良、中、差评价				
	能力目标	在任务实施过程中，根据学员是否能通过合理使用通用工具和专用仪器，查阅技术文件并进行设备实操，读取 LIN 总线差分波形，完成报文监听与编制，进行优、良、中、差评价				
	素养目标	在任务实施过程中，根据学员表现出的团队协作能力、科学探究精神和工匠精神，进行优、良、中、差评价				

【回顾思考】

一、填空题

1. LIN 总线主从机节点之间的通信采用的是_____方式，由一个主控制器和最多____个从机节点组成。

2. LIN 总线的帧结构分为_____和_____两部分。在通信时，主机会先发送_____来进行波特率同步，LIN 总线的同步段长度为_____个 bit。

3. 理论上，LIN 总线数据段的长度范围是_____到_____个字节，LIN 总线最大传输速率一般不超过_____kbit/s。

4. LIN 总线的物理层传输电路由两根线路组成，其中一根用于传输_____，另一根用于连接_____。

5. 在 LIN 总线帧中，PID 是指_____。数据段传输完成后，主机会发送_____，用来校验数据的正确性。

二、选择题

1. 在 LIN 总线中，（　　）数据是由主控制器发送的。
   A. 同步段　　　　　B. 标识符　　　　　C. 用户　　　　　D. 校验和

2. 在 LIN 总线中，如何保证从设备能够及时响应主控制器的请求？（　　）
   A. 从设备会周期性地发送响应帧
   B. 从设备会在数据帧中发送响应帧
   C. 从设备会在主控制器发送请求后立即响应
   D. 从设备不需要响应主控制器的请求

3. 在 LIN 总线中，从设备如何向主控制器发送数据？（　　）
   A. 从设备在主控制器发送请求后发送数据
   B. 从设备会周期性地发送数据帧
   C. 从设备会在每个数据帧间隔发送数据
   D. 从设备不需要向主控制器发送数据

4. 在 LIN 总线中，如何实现错误检测？（　　）
   A. 使用 CRC 校验　　　　　　　　B. 使用帧检验序列
   C. 使用奇偶校验　　　　　　　　D. 不需要错误检测

5. LIN 总线物理层中，同步字段发送的是什么数据？（　　）
   A. 0xAA　　　　　　　　　　　　B. 0x55
   C. 0x11　　　　　　　　　　　　D. 0xFF

6. LIN 总线物理层中，主机节点与从机节点之间的通信是采用（　　）方式。
   A. 点对点通信　　　　　　　　　B. 广播通信
   C. 多播通信　　　　　　　　　　D. 面向连接通信

7. LIN 总线采用的是（　　）的串行通信协议。
   A. 单主多从，半双工　　　　　　B. 单主多从，全双工
   C. 多主机，半双工　　　　　　　D. 多主机，全双工

8. LIN 总线的物理层连接结构是（　　）。
   A. 单总线结构　　　　　　　　　B. 双总线结构
   C. 树形结构　　　　　　　　　　D. 环形结构

9. LIN 总线的设备是如何检测报文传输错误的？（　　）
   A. 通过检测响应标识符　　　　　B. 通过检测数据段中的数据
   C. 通过检测校验段中的数据　　　D. 通过检测帧间隔时间中的数据

10. LIN 总线发送数据 0x4C 时，传输到总线的比特流的顺序是（　　）。
   A. 0>1>0>0>1>1>0>0   B. 0>0>1>1>0>0>1>0
   C. 0>0>1>0>0>0>1>1   D. 1>1>0>0>0>1>0>0

三、简答题

1. 什么是 LIN 总线？它和 CAN 总线相比，有什么优缺点？
2. LIN 总线的物理层结构是什么？每个部分的作用是什么？
3. LIN 总线的通信速率限制是多少？为什么会有这个限制？
4. LIN 总线 ID 段的两个校验位分别是如何计算的？
5. LIN 通信中，哪一帧类型可以包含诊断信息？它和其他帧类型的区别是什么？

任务 2　CAN 总线技术应用

【情景导入】

2023 年 5 月 16 日，中国汽车行业内最高级别的科学技术奖"中国汽车工程学会科学技术奖"颁奖典礼在北京举行，芜湖伯特利汽车安全系统股份有限公司（以下简称伯特利公司）获得"2022 年度创新团队奖（零部件）"。

伯特利"线控制动系统（WCBS）"项目，于 2019 年正式发布、2021 年量产，伯特利公司是国内首家发布并量产集成式 One-Box 线控制动系统的企业，其集成双控 EPB 的 One-Box 线控制动系统架构为全球首创，达到行业先进水平。

【任务目标】

知识目标：

1. 了解 CAN 总线的产生、发展历程。
2. 理解 CAN 总线的系统组成和传输机制。

能力目标：

1. 合理使用工具和仪器，测量 CAN 总线信号波形、诊断电路故障。
2. 查阅技术文件，监听、编制 CAN 总线报文。

素养目标：

1. 培养团队协作的能力。
2. 培养科学探究精神和严谨的工匠精神。

【知识准备】

一、CAN 总线概况

20 世纪中后期，随着电子技术、信息技术的发展，汽车电控技术进入了飞速发展阶段，电子控制器数量成倍增加，通信数据量的需求快速上升。传统的单线制、点对点的汽车电控系统布线（图 2-8a），产生了线束成倍增长、布线困难、检修不便的问题，更为严重的是缺少数据共享能力和抗干扰能力,汽车电控系统急需一种通信带宽更高、抗干扰能力更强、可挂载节点数更多、灵活性更强的去中心化通信网络,因此出现了采用总线技术的电控系统布线(图2-8b)。

图2-8 汽车电控系统布线

a)传统单线制、点对点的电控系统布线　b)采用总线技术的电控系统布线

20世纪80年代,德国Bosch公司为解决汽车微控制器通信需求,在各电控单元、传感器、执行器之间进行实时数据交换,开发了一种串行通信协议控制器局域网(Controller Area Network),称为CAN总线。1991年,Bosch公司发布CAN 2.0标准协议,包括2.0A标准帧和2.0B扩展帧2个版本。1993年,国际标准化组织(ISO)标准化了CAN,形成ISO 11898和ISO 11519 2个标准。其中,ISO 11898是通信速率为5kbit/s~1Mbit/s的高速CAN通信标准,ISO 11519是通信速率为5~125kbit/s的容错CAN通信标准,二者在数据链路层基本一致,而在物理层有些区别。汽车电控系统往往同时采用ISO 11898和ISO 11519这2个标准构建2个不同速率的总线系统,以满足动力系统和舒适系统的不同通信需求(图2-9)。1994年,美国汽车工程师学会(Society of Automotive Engineers,SAE)基于CAN 2.0B发布SAE J1939标准,进一步推动了CAN总线的标准化。

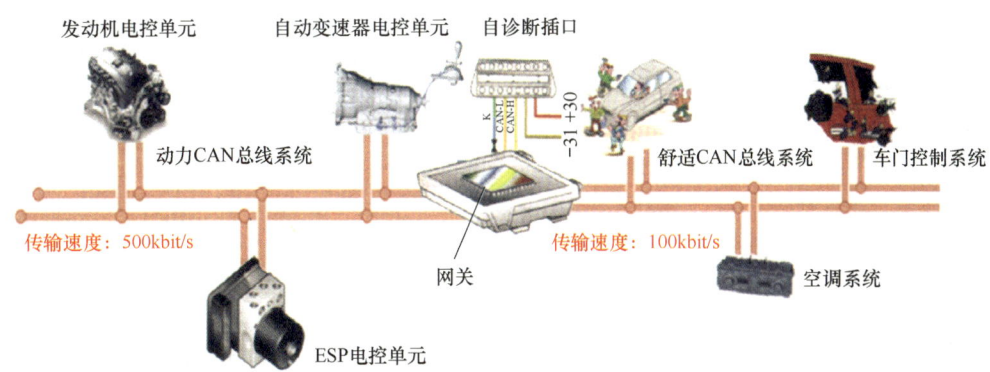

图2-9 汽车电控系统的CAN网关、动力系统总线和舒适系统总线

CAN总线是一种有效支持分布式控制或实时控制的串行通信网络,具有以下优点,取得了极大的成功,广泛应用于汽车、工业自动化、船舶、楼宇、医疗设备等领域。

1)多主工作方式。网络上的任意节点在任意时刻都可以主动地向其他节点发送信息,不分主从,方式灵活。

2)非破坏性总线仲裁技术。当多个节点同时向总线发送信息时,优先级较低的节点会主动地退出发送,从而节省了总线冲突仲裁时间。

3)通信对象灵活。通过接收滤波的方式,可以用点对点、一点对多点和全域广播方式传递信息。

4)通信速率高。通信速率最高可达 1Mbit/s(40m 以内),通信距离最长可达 10km(速率为 5kbit/s 以下)。

5)节点数量多。CAN 2.0A 报文标志符数量达到 2032 个,CAN 2.0B 的报文标志符数量几乎不受限。但是受电路驱动能力的限制,目前总线节点数量为 110 个。

6)实时性强。采用短帧数据结构,数据域最多 8 个字节,传输时间短,抗干扰能力强,检错效果好。

7)通信介质灵活。可以使用同轴电缆、双绞线或者光纤,目前以双绞线为主。

8)节点关闭机制。节点在错误严重的情况下,具有自动关闭功能,使总线其他节点不受影响。

9)实现了标准化、规范化。

二、CAN 总线的组成

CAN 总线的组成如图 2-10 所示,汽车电控系统的传感器、执行器和电控单元都可以作为节点连接到总线。CAN 总线由参与通信节点的 CAN 控制器、CAN 收发器、2 条数据传输线(CAN-H 和 CAN-L)以及终端电阻组成。

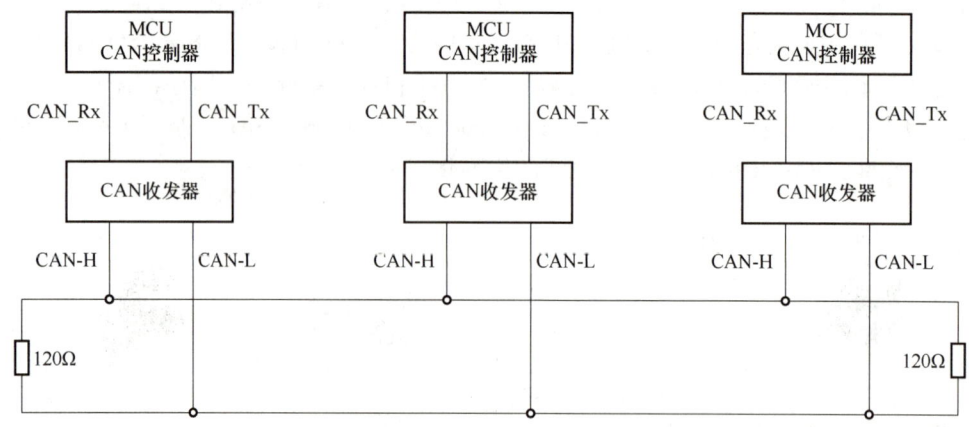

图 2-10 CAN 总线的组成

1. CAN 控制器

CAN 控制器的作用是接收电控单元中微处理器发出的数据,处理数据并传给 CAN 收发器。同时,CAN 控制器也接收 CAN 收发器收到的数据,处理数据并传给微处理器。CAN 控制器还负责处理错误和故障的情况,并发送错误和故障消息。

2. CAN 收发器

CAN 收发器将 CAN 总线上的差分信号转换为 CAN 控制器可以处理的数字信号,或将 CAN 控制器发送的数字信号转换为 CAN 总线上的差分信号进行传输。

当节点要发送消息时,节点微处理器将消息以串行通信形式发送到 CAN 控制器,CAN

控制器将消息打包为 CAN 帧、添加校验和 ID 等信息，组成完整的格式，传递到 CAN 收发器（图 2-11）。CAN 收发器将信息按照每个比特顺序，依次转换为 CAN 总线上的差分信号发送出去。当节点接收消息时，CAN 收发器将 CAN 总线上的差分信号转换为数字信号，然后 CAN 控制器将数字信号解包、校验后，发送给节点微处理器。CAN 节点在 CAN 总线上以广播方式进行通信，这意味着所有节点都能完全平级地发送、接收并解析总线上的消息。

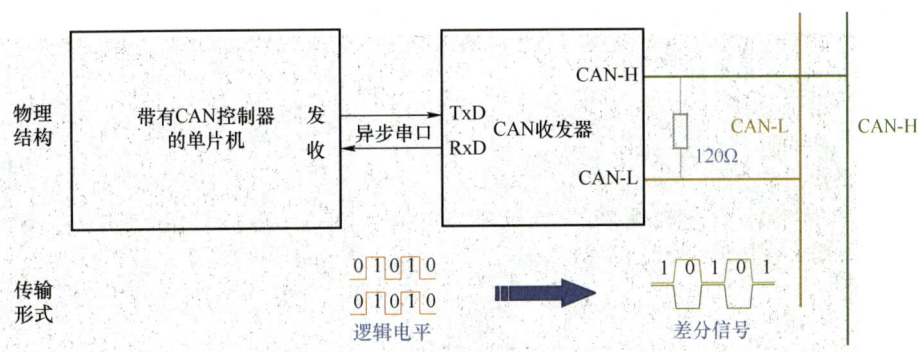

图 2-11　CAN 控制器和 CAN 收发器

3. 数据传输线

数据传输电路是典型的半双工串行总线，一般采用双绞线形式，分为 CAN-H 线和 CAN-L 线，通过差分电压来表示总线的隐性或显性状态。双绞线形式和差分电压传递信号的方式，既提高了 CAN 总线的抗电磁干扰能力，也减少了对外界的电磁辐射。

容错 CAN 和高速 CAN 表示隐性状态和显性状态的电平值定义不同（图 2-12）。当容错 CAN 其中一根导线存在电路故障时，可以只通过另一根导线的电平值来表示状态，具有更高的容错能力。

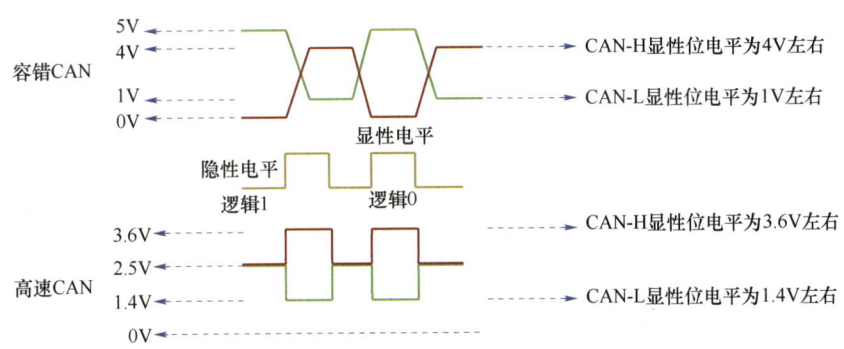

图 2-12　CAN 总线通过差分电压传递信息

4. 终端电阻

为防止电路回波信号干扰正常信号的传递，高速 CAN 总线在两侧末端各配置 1 个 120Ω 的电阻，模拟无限远处导线的阻抗特性消耗能量而不产生反射波。容错 CAN 无终端电阻，每个节点自带匹配电阻，匹配电阻的大小根据网络节点数量决定，匹配电阻经过计算后 CAN-L、CAN-H 各为 100Ω 左右，若容错 CAN 网络具 10 个节点，则单个节点的匹配电阻应该为 1kΩ。

CAN 总线的电路故障，通常是 CAN-L、CAN-H 断路或者对地短路和对电源短路，此外还可能有信号失真衰减和终端电阻异常等故障。信号失真衰减通常是由于信号传输过程中噪声干扰或电路过长等原因导致信号衰减，从而导致接收节点无法正确接收信号，如纯电动汽车的大功率驱动电机干扰可能导致 CAN 波形失真（图 2-13）。终端电阻异常则是由于网络中终端电阻过大或过小而引起的信号反射和干扰，从而影响信号的正确传输和接收。

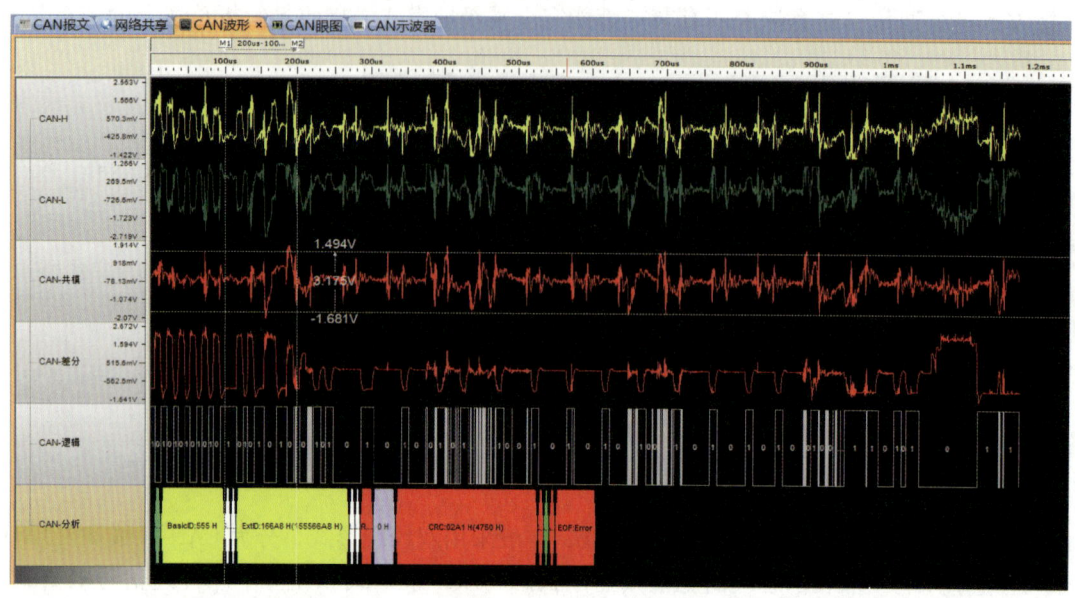

图 2-13　纯电动汽车的大功率驱动电机干扰可能导致 CAN 波形失真

三、CAN 总线的协议栈

参考 ISO/OSI 网络模型，CAN 总线分为数据链路层、物理层 2 层，较为简单的分层结构有利于提高数据传递效率。根据 ISO 11898 标准，数据链路层又分为逻辑链路（LLC）子层和介质访问控制（MAC）子层，如图 2-14 所示。

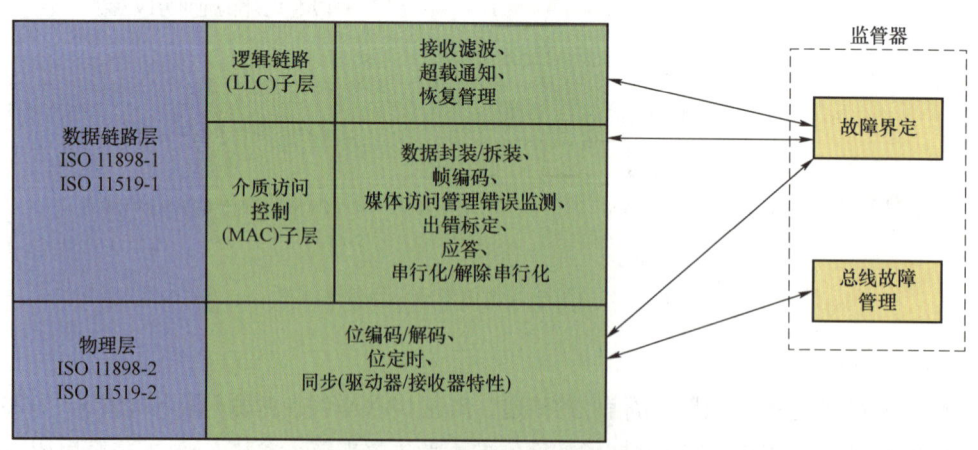

图 2-14　CAN 总线协议栈结构

LLC 子层的主要功能是接收过滤、超载通知和恢复管理，提供 2 类非连接方式的传递服务：非应答数据发送服务和非应答远程数据请求服务。存在 2 种传给用户的帧：LLC 数据帧和远程帧。LLC 子层亦接收 MAC 子层提供的服务。LLC 子层传给/接收来自 MAC 子层的帧为数据帧、远程帧和超载帧。

MAC 子层位于数据链路层的下部，主要功能是传送协议，即数据封装/拆装、帧编码、媒体访问管理错误监测、出错标定、应答、串行化/解除串行化，提供的服务为应答数据传送、应答远程数据传送、超载帧传送、编制出错帧。MAC 子层亦从物理层接收 MAC 数据帧、远程帧和超载帧。

四、CAN 总线的数据帧

CAN 总线数据的传输采用帧（frame）的形式。帧是 CAN 总线数据传输的基本单位，它包含了 CAN 总线数据传输所需的全部信息，包括数据、控制和状态信息。CAN 总线的帧分为以下几种：

1）数据帧（Data Frame）：用于传输数据，由 CAN 标识符 ID、控制位、数据和 CRC 校验码组成。

2）远程帧（Remote Frame）：用于请求数据，由 CAN 标识符 ID 和控制位组成。节点 A 向节点 B 发送数据前，需要先发送远程帧取得发送同意。

3）错误帧（Error Frame）：用于表示 CAN 总线上发生的错误，由控制位、错误标识符（Error ID）、错误状态码和 CRC 校验码组成。

4）超载帧（Overload Frame）：用于表示发送节点希望其他节点减少发送数据的速度，由控制位和 CRC 校验码组成。

5）同步帧（Synchronization Frame）：用于同步 CAN 总线上的所有节点，由控制位和 CRC 校验码组成。

数据帧是其中最重要的帧，传输 CAN 总线在各节点间交互信息的数据，其结构如图 2-15 所示。

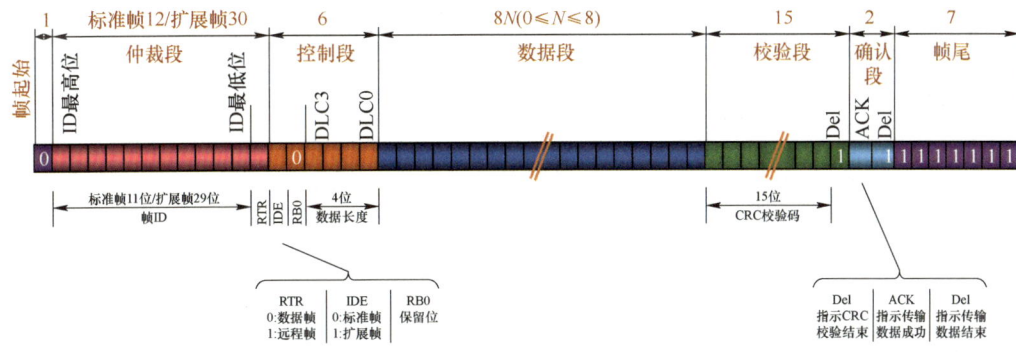

图 2-15 CAN 数据帧的结构

1. 帧起始

帧起始由 1 个显性位组成，标志着一个新的 CAN 帧的开始。

CAN 总线用显性电平表示逻辑值为"0"，用隐性电平表示逻辑值为"1"，显性具有优先性。当某个节点想向总线发送数据时，首先读取总线电平，判断总线是否处于空闲状态，然后用 1 个显性位与总线执行"与"操作，将整个总线置为显性状态，表示要占用总线发送数据，而接收节点同步于该帧起始位。

2. 仲裁段

仲裁段由标识符和 1 位 RTR 位组成。RTR 位是远程帧和数据帧的区分标准，当 RTR = 0 时表示数据帧，当 RTR = 1 时表示远程帧，远程帧只用于发起请求数据。

标识符非常重要，它既是多个节点竞争优先级的判定依据，也是点对点、点对多、广播式发送的区别依据。CAN 2.0A 标准规定标识符长度为 11 位，CAN 2.0B 标准规定标识符长度为 29 位，并且高 7 位不能全是隐性位。所以 CAN 2.0A 可以标识 2032 个数据帧。

CAN 总线基于标识符的优先级仲裁机制如图 2-16 所示，假如在同一时间，节点 1、2、3 分别发送 ID 号为 0x367、0x301、0x405 的 CAN 数据帧。初始时，3 个节点同时发送第 1 个数字 0，即显性电平，则总线表现为 0，都发送成功。当发送到第 2 个数字时，节点 3 发送隐性电平 1，而另外两个节点则发送显性电平 0，显性电平盖过了隐性电平的存在，使整个总线表现为显性电平 0 的状态。因此，节点 3 检测到自己发送失败，会主动退出发送，进入监听模式。当发送第 2、3、4、5 个数字时，节点 1 和节点 2 都是一致的，因此都可以发送成功。

当发送第 6 个数字时，节点 2 发送显性电平 0 盖过了节点 1 的隐性电平，节点 1 检测到自己发送失败，也主动退出发送，进入监听模式。

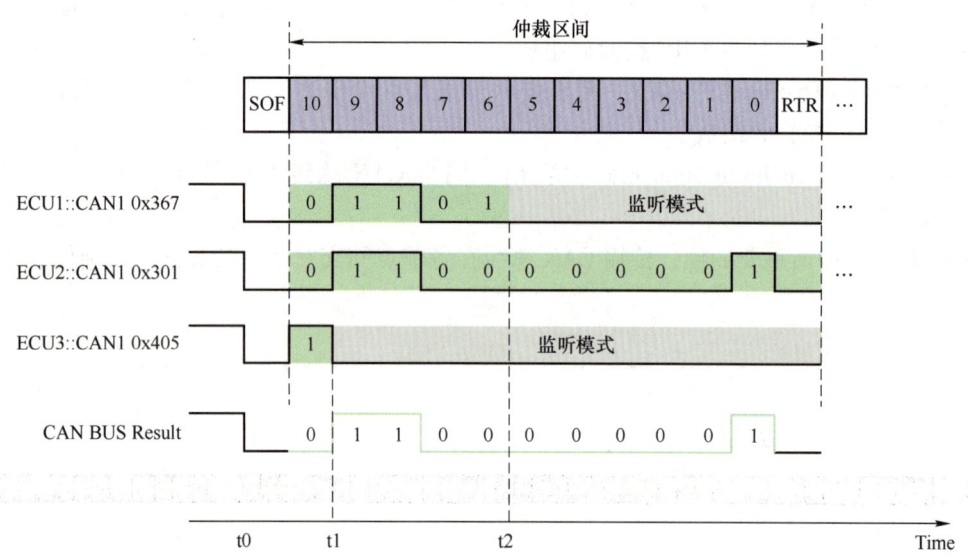

图 2-16 CAN 总线基于标识符的优先级仲裁机制

3. 控制段

控制段由 2 位保留位和 4 位 DLC 位组成。

保留位必须全部以显性电平发送，但接收方可以接收显性、隐性及其任意组合的电平。DLC 位表示后继数据段的字节数，在 0~8 之间。

4. 数据段

数据段由数据帧中的发送数据组成，它可以为 0~8 字节，每字节包含了 8 位，首先发送最高有效位（MSB），依次发送至最低有效位（LSB）。

5. 校验段

校验段由 15 位的 CRC 序列和 1 位的 CRC 界定符构成。CRC 序列是根据多项式生成的 CRC 值，CRC 的计算范围包括：帧起始、仲裁段、控制段、数据段。接收方以同样的算法计算 CRC 值并进行比较，不一致时会通报错误，用于验证 CAN 帧数据的完整性。

6. 确认段

ACK 确认段用以确认是否正常接收，由 1 位 ACK 槽和 1 位 ACK 界定符组成。

发送单元在 ACK 段发送 2 个位的隐性位。当接收器正确地接收到有效的报文时，接收器就会在应答间隙（ACK SLOT）期间（发送 ACK 信号）向发送器发送一个"显性"的位以示应答，通知发送单元正常接收结束，称为"发送 ACK"或者"返回 ACK"。

发送 ACK/返回 ACK 是在既不处于总线关闭态也不处于休眠态的所有接收单元中，接收到正常消息的单元（发送单元不发送 ACK）。所谓正常消息是指不含填充错误、格式错误、CRC 错误的消息。

7. 帧尾

帧尾由 7 个"隐性"位组成，标记一个数据帧或远程帧的结束。

五、CAN 总线的发展

经过三十余年的发展，CAN 总线凭借可靠性、实时性和灵活性等优势，已经成为汽车总线的主流，尤其在汽车动力系统总线的占有率超过 95%。但是随着新能源汽车和自动驾驶汽车的发展，蓄电池管理系统和线控系统对总线的带宽和数据传输速率的要求越来越高，传统 CAN 总线已难以满足其日益增加的需求。

2012 年，Bosch 公司发布了 CAN FD 标准（CAN with Flexible Data Rate），CAN FD 继承了 CAN 的绝大多数特性，例如同样的物理层、串行通信协议、双绞线束、基于非破坏性仲裁技术、分布式实时控制、可靠的错误处理和检测机制等，同时 CAN FD 弥补了 CAN 在总线带宽和数据长度方面的不足。2015 年，ISO 11898-1 纳入了 CAN FD 标准。CAN FD 标准具有以下优点。

1. 增加了数据的长度

传统的 CAN 协议，每个数据帧的长度最多为 8 字节，为了满足日益增长的数据传输需求，CAN FD 引入了一个扩展数据区域，将数据帧的最大长度增加到了 64B，允许发送信息量更大的数据，对于现代车辆和许多其他应用领域中需要大数据量的实时通信非常有用。

2. 增加传输的速度

CAN FD 支持双比特率，可以实现高达 5Mbit/s 的数据比特率。

3. 更好的可靠性

CAN FD 使用改进的循环冗余校验 CRC 和"受保护的填充位计数器"，从而减少了未被检测到的错误。

4. 平滑过渡

在一些特定的情况下 CAN FD 能用在仅使用传统 CAN 的 ECU 上，这样就可以逐步引入 CAN FD 节点，有利于平滑过渡和降低成本。

车联网技术与应用

【任务实施】

任务名称：CAN 总线的波形分析	
项目	任务实施内容
任务目标	1. 能够使用示波器读取 CAN 总线的差分波形 2. 能够根据 CAN 总线差分波形，分析、诊断 CAN 总线电路故障
任务准备 实施要点	1. 更换实训服，摘掉首饰，长发挽起固定于脑后 2. 准备工具：联网计算机、纸、笔、示波器、特殊工具 3. 严禁非专业人员或无教师在场的情况下私自对部件进行操作
实施记录	是否完成：□是　□否 特殊工具清单：
任务计划	根据任务目标，制订任务实施计划

序号	作业项目	实施要点
1		
2		
3		
4		
5		

示波器功能检查	实施要点	1. 连接示波器，设置示波器探头衰减倍率 2. 进行示波器自检
	实施记录	1. 是否接通示波器电源：□是　□否 如果不能正常开机，问题是＿＿＿＿＿ 2. 是否将示波器探头连接到示波器 CH1、CH2 通道：□是　□否 如果探头、探针有损坏，位置是＿＿＿＿＿ 3. 是否将探头衰减倍率开关设置为 10X 段：□是　□否 4. 是否将探头的探针和接地夹连接到示波器探头补偿信号输出端口：□是　□否 5. 按示波器 auto 键，是否显示方波：□是　□否 方波频率为＿＿＿＿Hz，幅值为＿＿＿＿V

项目2 车载网络关键技术

（续）

项目		任务实施内容	
CAN 差分波形读取	实施要点	1. 正确连接电路 2. 记录差分电压波形	
	实施记录	1. 将示波器 CH1 通道探头的探针和接地夹分别连接到 CAN-H 线和接地，调整示波器，按 hold 键保持波形，记录波形： （波形图） 2. 将示波器 CH2 通道探头的探针和接地夹分别连接到 CAN-L 线和接地，调整示波器，按 hold 键保持波形，记录波形： （波形图） 3. 分析波形数据	高速 CAN 总线的信号捕捉 低速 CAN 总线的信号捕捉 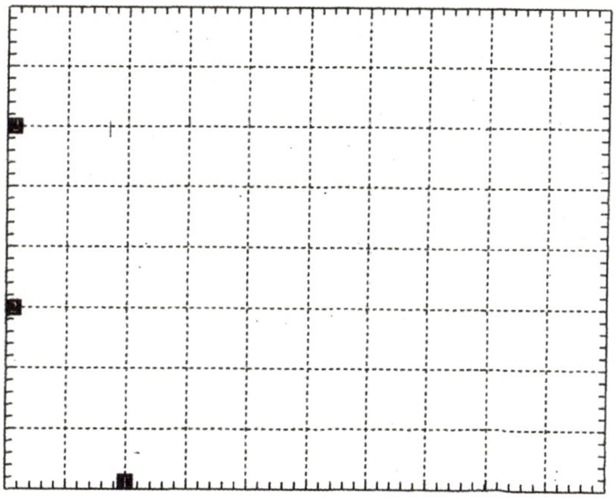

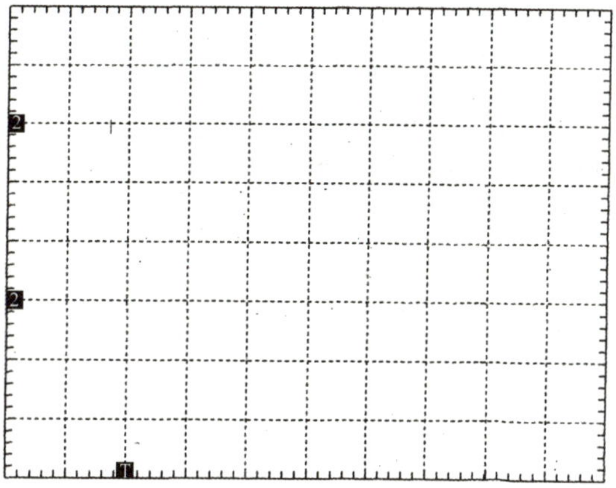

	波特率	幅值
CAN-H		
CAN-L		
分析	本实验 CAN 总线是：□高速 CAN □容错 CAN	
	本实验 CAN 总线是否有电路故障：□是 □否	

43

(续)

项目		任务实施内容				
CAN 总线电路故障诊断	实施要点	1. 预设置 CAN 总线电路故障 2. 分析 CAN 总线电路故障原理、现象				
	实施记录	总线类型	故障原因	故障表现描述	是否能通信	
		高速CAN	CAN-H 对电源短路	电压： 波形：	□是 □否	高速 CAN 总线故障诊断
			CAN-L 对电源短路	电压： 波形：	□是 □否	
			CAN-H 对地线短路	电压： 波形：	□是 □否	
			CAN-L 对地线短路	电压： 波形：	□是 □否	
			CAN-H、CAN-L 相互短路	电压： 波形：	□是 □否	
			CAN-H 断路	电压： 波形：	□是 □否	
			CAN-L 断路	电压： 波形：	□是 □否	
		容错CAN	CAN-H 对电源短路	电压： 波形：	□是 □否 方法：	低速 CAN 总线故障诊断
			CAN-L 对电源短路	电压： 波形：	□是 □否 方法：	
			CAN-H 对地线短路	电压： 波形：	□是 □否 方法：	
			CAN-L 对地线短路	电压： 波形：	□是 □否 方法：	
			CAN-H、CAN-L 相互短路	电压： 波形：	□是 □否 方法：	
			CAN-H 断路	电压： 波形：	□是 □否 方法：	
			CAN-L 断路	电压： 波形：	□是 □否 方法：	

任务名称：CAN 总线报文监听与传输		
项目		任务实施内容
任务目标		1. 能够使用 CAN 分析仪进行 CAN 总线报文监听 2. 能够查阅技术资料，通过 CAN 分析仪配置、传输报文
任务准备	实施要点	1. 更换实训服，摘掉首饰，长发挽起固定于脑后 2. 准备工具：联网计算机、纸、笔、CAN 分析仪、特殊工具 3. 严禁非专业人员或无教师在场的情况下私自对部件进行操作
	实施记录	是否完成：□是 □否 特殊工具清单：

（续）

项目	任务实施内容		
任务计划	根据任务目标，制订任务实施计划		
	序号	作业项目	实施要点
	1		
	2		
	3		
	4		
CAN 分析仪功能检查	实施要点	1. 安装 CAN Tool 软件 2. CAN 分析仪自测验证	
	实施记录	1. 是否下载安装 USB-CAN Tool 软件：□是　□否 如果不能正常安装，问题是 _____ 2. 准备 2 根导线，是否将 CAN 分析仪的 CAN1、CAN2 通道对接：□是　□否 3. 是否合理设置终端电阻：□是　□否，电阻拨键状态为 _____ 4. 将 CAN 分析仪连接到计算机，在 USB-CAN Tool 软件中将工作模式设置为自测 5. 通过是否能够读取 0X0001 报文，判断 CAN 分析仪检查情况：□正常　□故障		

（续）

项目		任务实施内容						
读取 CAN 总线报文	实施要点	1. 正确连接电路 2. 记录 CAN 总线报文						
	实施记录	1. 是否用导线将 CAN 分析仪 CAN1 通道端口与 CAN-H 和 CAN-L 接连：□是　□否 2. 是否合理设置终端电阻：□是　□否 3. 是否合理设置波特率：　□是　□否，波特率为＿＿＿＿ 读取 CAN 报文，选择实时存储，保存报文 **CAN 总线报文解析**						
		序号	系统时间	通道号	ID 号	帧类型	帧格式	长度	数据
编制 CAN 总线报文	实施要点	1. 参考技术资料，分析 CAN 总线报文规则 2. 编制并发送 CAN 总线报文完成某特定功能						
	实施记录	1. 根据技术资料，研讨 CAN 报文规则						
		序号	输入设备状态		报文 ID		信号对应值		
		1	中控门锁开关： 解锁/闭锁/保持		ID：0x671 DLC：8，bit8~9		b01：解锁/其他三个门车锁 b10：闭锁/其他三个门车锁 b00：保持/其他三个门车锁		
		2	升降开关：允许/ 禁止		ID：0x672 DLC：8，bit8~9		b01：允许升降/后车窗开关 b10：禁止升降/后车窗开关		
		3	右前车窗玻璃升降组合开关：点动升/点动降/一键升/一键降/状态保持		ID：0x672 DLC：8，bit16~19		b0001：点动升/右前车窗 b0010：点动降/右前车窗 b0100：一键升/右前车窗 b1000：一键降/右前车窗 b0000：状态保持/右前车窗		
		注意：本表仅供参考，应根据实际设备的规格提供 2. 编制报文，将 CAN 分析仪连接到 CAN 总线，并通过 USB-CAN Tool 上位机发送报文，实现特定功能动作 **CAN 总线报文传输**						
		序号	特定功能动作		报文内容		动作是否实现		
		1	解锁车门锁				□是　□否		
		2	闭锁车门锁				□是　□否		
		3					□是　□否		
		4					□是　□否		
		5					□是　□否		
		6					□是　□否		
		7					□是　□否		
		8					□是　□否		

项目 2　车载网络关键技术

（续）

项目		任务实施内容	
CAN 总线报文反编译	实施要点	1. 使用 CANtest 软件监听 CAN 总线报文 2. 人为改变某控制器的状态，分析报文变化，实现反编译	
	实施记录	1. 是否在计算机安装 CANtest 软件：□是　□否 2. 是否将安装有 CANtest 软件的计算机、CAN 工具卡和 CAN 总线连接：□是　□否 3. 人为改变某控制器的状态，记录报文变化填入下表	
		序号　控制器状态	报文内容
		1	
		2	
		3	
		4	
		5	
		6	
		7	
		8	

【质量评价】

任务总结	CAN 总线的总结： 工作实施情况反思：

(续)

	评价项目	评价标准	自评价	小组评价	教师评价	总体评价
质量评价	知识目标	在任务实施过程中，对学员关于CAN总线的组成、协议、数据帧等知识的掌握程度，进行优、良、中、差评价				
	能力目标	在任务实施过程中，根据学员是否能通过合理使用通用工具和专用仪器，查阅技术文件并进行设备实操、读取CAN总线差分波形，完成报文监听与编制，进行优、良、中、差评价				
	素养目标	在任务实施过程中，根据学员表现出的团队协作能力、科学探究精神和工匠精神，进行优、良、中、差评价				

【回顾思考】

一、填空题

1. CAN总线的中文全称是_____，英文是_____。

2. CAN总线的组成包括1个_____、1个_____、2根_____和2个_____。

3. CAN总线是一种_____，每个节点可以接收到所有其他节点发送的消息。

4. 在CAN总线上，仲裁是通过比较_____来完成的，其用于标识CAN总线上发送消息的_____和_____。

5. 如果两个节点同时尝试在CAN总线上发送消息，由_____机制决定哪个节点具有更高的优先级并能够发送其消息。

6. CAN总线的最大数据传输速率取决于所使用的CAN协议和电气特性，通常可以达到_____速率以上。

7. 在CAN总线上，_____用于抑制信号反射，并确保信号传输的正确性。

8. 在CAN总线上，错误管理协议还可以采取纠正措施，例如_____或_____。

9. CAN总线上的数据传输采用_____来确保数据传输的可靠性。

10. CAN总线通信的基本单元是_____，其最多可以包含_____个字节的有效数据。

二、选择题

1. CAN 2.0b协议中，高速CAN的最大数据传输速率是（   ）。
   A. 100kbit/s 　　B. 500kbit/s 　　C. 1Mbit/s 　　D. 10Mbit/s

2. 容错CAN和高速CAN之间的区别为（   ）。
   A. 容错CAN比HS-CAN更快
   B. 容错CAN的最大数据传输速率高于高速CAN
   C. 容错CAN没有高速CAN可靠
   D. 容错CAN传输速度较慢但更可靠，高速CAN相反

3. 在 CAN 总线系统中，CAN 收发器的作用是（　　）。

A. 控制总线上的数据流动

B. 在总线上发送和接收数据

C. 将数字信号与模拟信号相互转换

D. 在系统的不同部分之间提供电气隔离

4. CAN 总线网络的最大长度是（　　）。

A. 1m　　　　　　B. 10m　　　　　　C. 100m　　　　　　D. 1000m

5. 以下哪个关于 CAN 总线终端电阻的陈述是正确的？（　　）

A. CAN 总线网络不需要终端电阻

B. 只有高速 CAN 需要终端电阻

C. 所有 CAN 总线网络都需要终端电阻

D. 只有低速/容错 CAN 需要终端电阻

6. 在 CAN 总线上，当两个节点同时发送消息时（　　）。

A. 高电平电压的消息会优先被传输

B. 低电平电压的消息会优先被传输

C. 电压较高的节点会获得总线控制权

D. 消息 ID 较小的节点会获得总线控制权

7. 高速 CAN 总线的两线间电压差，标准信号电平是（　　）。

A. 0V 表示逻辑 1，2.5V 表示逻辑 0

B. 2.5V 表示逻辑 1，0V 表示逻辑 0

C. 3.3V 表示逻辑 1，0V 表示逻辑 0

D. 5V 表示逻辑 1，0V 表示逻辑 0

8. 在 CAN 总线仲裁过程中，一个节点如何知道它是否已经获得了发送消息的权利？（　　）

A. 节点会收到一个确认消息

B. 节点会根据唯一地址确认权利

C. 节点会继续发送消息，直到返回确认消息被接收

D. 节点发送隐性电平后，会检查总线上是否有其他节点发送了显性电平消息

9. 在 CAN 总线仲裁过程中，如果一个节点发送的消息被另一个节点中断，该节点会（　　）。

A. 立刻重新尝试发送消息

B. 等待发送完成后再次尝试发送消息

C. 放弃发送消息

D. 继续发送消息，直到发送成功为止

三、判断题

1. CAN 总线的物理结构包括总线和多个节点，节点之间通过总线进行通信。（　　）

2. CAN 总线在数据传输时采用的是异步通信模式。（　　）

3. CAN 总线的仲裁机制是通过 ID 比较实现的，ID 越小的消息优先级越高。（　　）

4. 在 CAN 总线中，每个节点都有自己的独立时钟，可以实现高精度的时间同步。
（　　）

5. 在 CAN 总线中，节点可以在任何时候发送消息，不需要等待其他节点的许可。
（　　）

6. CAN 总线帧格式中的控制位包括帧开始标识位、控制位、CRC 位和帧结束位。
（　　）

7. CAN 总线中，每个节点都有独立的地址，可以通过地址识别不同的节点。（　　）

8. 在 CAN 总线中，节点之间通过总线进行广播通信，所有节点都可以接收到同一条消息。
（　　）

9. CAN 总线可以实现多主机访问，不受主机数量限制。（　　）

10. CAN 总线中，所有节点都可以发送数据，但只有一个节点可以接收数据。（　　）

11. 在 CAN 总线中，每个节点都有自己的接收缓冲区，用于存储接收到的消息。
（　　）

12. 在 CAN 总线中，所有节点都可以同时发送数据，不需要等待其他节点。（　　）

13. CAN 总线通信速率越高，通信距离越远。（　　）

14. CAN 总线帧格式中的数据域包含了实际要传输的数据信息。（　　）

15. CAN 总线的仲裁机制是通过总线上每个节点的 ACK 信号实现的。（　　）

16. 在 CAN 总线中，总线上的所有节点都需要具备相同的通信速率。（　　）

17. CAN 总线中，每个节点都有自己的发送缓冲区，用于存储要发送的消息。（　　）

18. 在 CAN 总线中，每个节点都可以自由加入或离开总线，不会影响其他节点的通信。
（　　）

四、简答题

1. 请简要解释 CAN 总线的物理层结构是如何实现的？
2. CAN 总线通信的过程中，节点如何判断总线上是否有其他节点正在发送消息？
3. 什么是 CAN 总线的仲裁机制？它是如何保证总线上不会出现数据冲突的？
4. 简要描述 CAN 总线的标准帧格式，包括数据段、控制段等和关键位的作用。
5. 如果 CAN-H 和 CAN-L 之间没有正确的终端电阻，会导致什么问题？如果某节点将 CAN-H 和 CAN-L 反接，会导致什么问题？
6. 高速 CAN 中如果 CAN-H 和电源之间短路，会导致什么问题？如果 CAN-L 和地线之间短路，会导致什么问题？如果 CAN-H 和 CAN-L 短路，会导致什么问题？如何判断这些问题是否出现？

任务 3　车载以太网技术应用

【情景导入】

　　裕太微电子成立于 2017 年，以以太网物理层芯片作为切入点，不断推出系列芯片产品，已通过 OPEN Alliance IOP 认证和 AEC-Q100 Grade 1 车规认证，成功打破了车载以太网被欧美企业占据的格局。2022年，其与浙江大学等单位联合申报的"以太网多介质适配与远距离增强关键技术及自主芯片研发和应用"项目荣获浙江省通信学会科学技术奖一等奖，2023年，其2.5G以太网物理层芯片YT8821系列产品（图2-17）荣获"中国IC风云榜年度优秀产品创新奖"。

以太网物理层芯片

以太网车载芯片

以太网交换芯片

以太网网卡芯片

图2-17　裕太微电子以太网物理层芯片

【任务目标】

知识目标：
1. 了解车载以太网的产生和发展历程。
2. 理解车载以太网的系统组成和传输机制。

能力目标：
1. 合理使用工具和仪器，读取车载以太网的信号波形、诊断电路故障。
2. 查阅技术文件，监听、解析车载以太网报文。

素养目标：
1. 培养团队协作的能力。
2. 培养科学探究精神和严谨的工匠精神。

【知识准备】

一、车载以太网概况

目前汽车总线技术以CAN总线为主、LIN总线为辅，FlexRay、MOST等总线的应用率相对较低。CAN总线具有多主仲裁的特点，但是它在每个时间窗口只能有1个节点获得控制权发送信息，其他节点都是接收节点，因此CAN总线只能实现半双工通信，最高传输速度为1Mbit/s（传输距离40m以内）。在汽车电动化、网联化、智能化、共享化的发展趋势下，CAN等总线技术难以满足高性能处理器实时高速双向数据交互的需求。

在进入汽车领域之前，以太网（Ethernet）已经获得了广泛的应用，具有技术成熟、高度标准化、带宽高以及成本低等优势。1973年，美国Xerox公司为了使个人计算机和其他设备能够通信，设计了一种公司内部的总线型局域网，使用同轴电缆，以 2.94Mbit/s 速率运行，命名为 Xerox Ethernet，这就是以太网的雏形。

IEEE 组织在以太网标准化过程中发挥了巨大作用。1983 年，IEEE 802.3 标准采用同轴电缆介质、支持 10Mbit/s 速率；1990 年，IEEE 802.3i 标准采用双绞线介质、星形网络结构；1995 年，IEEE 802.3u 支持以太网 100Mbit/s 速率；1998 年，IEEE 802.3z 支持 1000Mbit/s 速率；2003 年，IEEE 802.3af 支持以太网 PoE 供电模式；2004 年，IEEE 802.3ak 支持 10Gbit/s 速率；2010 年，IEEE 802.3ba 支持 100Gbit/s 速率；目前 IEEE 已经启动了 400Gbit/s 速率的以太网标准制定工作。

以太网诞生四五十年间，传输速率从 2.94Mbit/s 增长到 400GMbit/s，并成为全球最大的局域网标准，其技术优势可以很好地满足车载网络的需求，只是由于车内电磁兼容的严格要求，以太网直到近些年才取得了技术突破从而得以应用到汽车内。

车载以太网是一种用以太网连接车内电子单元的新型局域网技术，车载以太网演进的 3 个阶段如图 2-18 所示。

1. 第一阶段：子系统阶段

第一阶段是单独在某个子系统使用以太网，例如 DoIP 标准的 OBD 诊断设备，使用 IP 摄像头的驾驶辅助系统等。目前主流的车载网络标准 CAN、LIN、FlexRay，以及面向媒体的系统传输标准 MOST 等都具有浓重的"汽车行业"色彩，导致其应用的局限性。ISO 13400 标准使用以太网代替 CAN 总线，规定了基于 IP 协议的车载诊断系统（OBD）和 ECU 软件更新。

2. 第二阶段：架构阶段

第二阶段是将几个子系统功能整合，形成一个拥有功能集合的小系统，将多媒体、驾驶辅助和诊断界面结合在一起，融合了传感器、全景摄像头及雷达等多种数据。因为可以保证更高的带宽和更低的延迟，在涉及安全方面的应用，摄像头可以使用更高分辨率的未压缩的数据传输，从而避免如压缩失真等导致障碍物检测失败的问题。

3. 第三阶段：域阶段

第三阶段使用以太网为车载网络骨干，集成动力总成、底盘、车身、多媒体、辅助驾驶，形成域级别的汽车网络。这种网络架构引入了一个新问题：分层式的架构会造成控制器通过以太网骨干网和交换机通信时所需的内容增加，必须研究如何组织 ECU 和网络管理者之间的通信。

目前主流车载以太网的技术标准以 BRR（BroadR-Reach）技术为主，2020 年 IEEE 发布了支持 100Mbit/s 速率的 IEEE 802.3bw 车载以太网技术标准，正在研究 1Gbit/s 速率的车载以太网技术标准，下文以 100Mbit/s 速率为例。车载以太网将主要应用在对带宽需求较高的系统，如高级驾驶辅助系统（ADAS）、车载诊断系统（OBD）以及车载信息娱乐系统等。与传统的车载网络不同，车载以太网可以提供带宽密集型应用所需的更高数据传输能力，具有广泛的应用前景。

二、车载以太网的组成

车载以太网的拓扑结构非总线形，而是星形、菊花链形和树形，支持 IEEE 802.3 和 IEEE 802.1q 标准，如图 2-19 所示。星形拓扑结构管理方便，极易扩展，安装维护成本低，

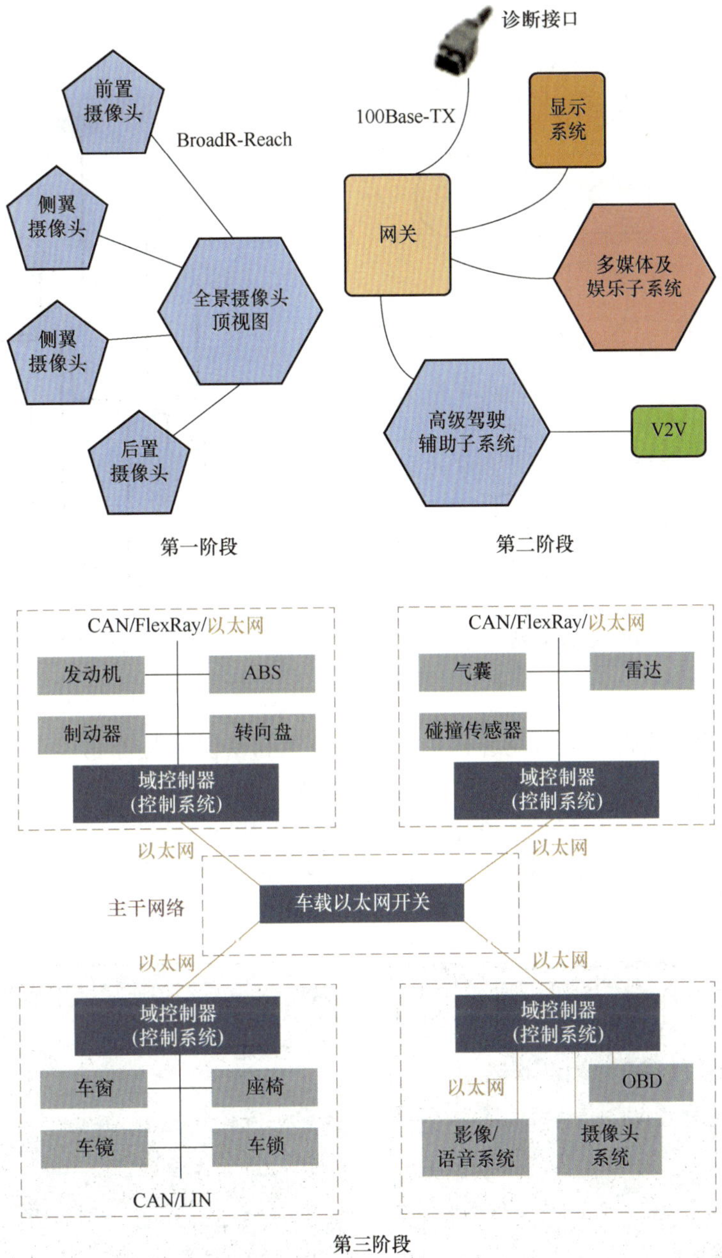

图 2-18 车载以太网演进的 3 个阶段

但由于要专用的网络设备（如交换机）作为其核心节点，对核心设备的负担较重，可靠性要求高，各站点的分布处理能力较低。菊花链形结构由星形结构的基础网络构成，通过菊花链或串行的方式增加下一个节点，容易扩展，各站点可以分布处理，网络设备的负担相对较轻，但节点之间的通信相对较复杂，安装维护成本较高。树形结构结合了以上 2 种拓扑结构的优点，在汽车网络中权衡了良好的分布处理性能和安装维护成本。

车载以太网主要由介质访问控制（Media Access Control，MAC）层和物理层（Physical Layer，PHY）组成，采用全双工通信方式支持实时、双向的数据交互。MAC 负责处理数据

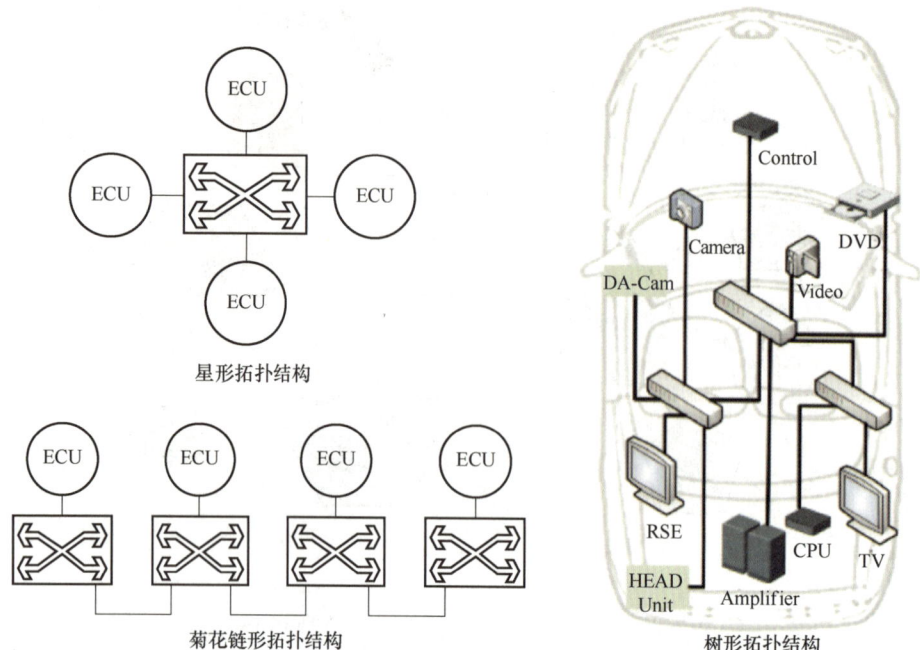

图 2-19 车载以太网的拓扑结构

帧在网络中的传输和接收,包括地址识别、冲突检测和错误校验等功能。PHY 负责将数据转换为物理信号进行传输,并对信号进行编解码、调制解调和线路驱动等操作。传统以太网通过 2 对非屏蔽线或屏蔽线连接,车载以太网沿用了 100BASE-T1 接口以满足电磁兼容性(EMC)要求,只通过 1 对非屏蔽或屏蔽双绞线连接,信号带宽为 66.7MHz,采用 PAM-3 调制,差分信号电平在 -1V 和 +1V 之间,如图 2-20 所示。

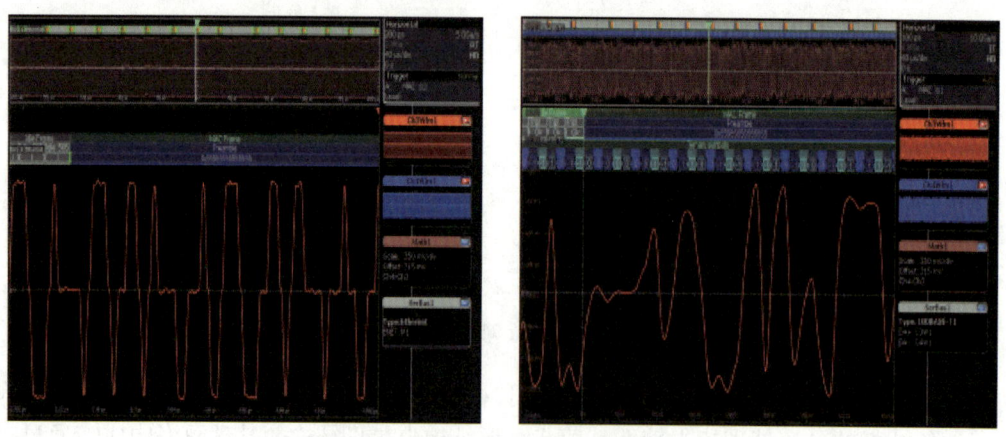

图 2-20 车载以太网差分信号电平

三、车载以太网的协议栈

参考 ISO/OSI 网络模型,车载以太网分为物理层、数据链路层、网络层、传输层和应用层 5 层,网络模型远比 CAN 总线复杂,涉及的架构模型协议栈也较为复杂,如图 2-21 所示。

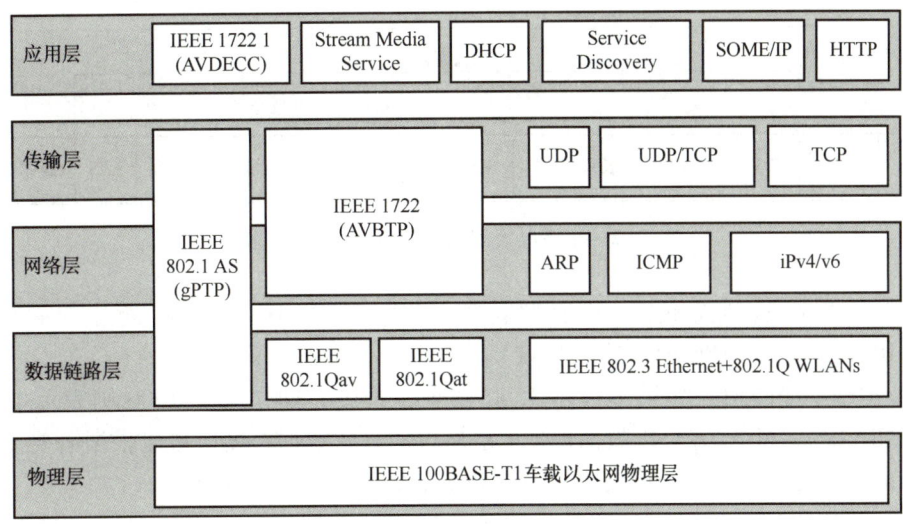

图 2-21　车载以太网的架构模型协议栈

以太网的物理层负责提供数据端设备传送数据的通路，建立物理连接和进行电平信号与数字信号的转换。车载以太网沿用了 IEEE 100BASE-T1 标准，但实际在网线中传输的电平速率（Symbol Rate）与 ECU 内部的以太网数据速率（Data Rate）不同，以 100BASE-T1 为例，依据 IEEE 802.3bw 定义，数据速率 100Mbit/s，经物理层进行 4B3B、3B2T 的编码后，传输到双绞线的电平为 -1V、0V、1V，此时的电平速率和数据速率分别为 66.67Mbit/s 和 100Mbit/s。

车载以太网兼容 TCP/IP 协议族，数据链路层采用 IEEE 802.3 接口标准，可以与以太网的数据链路层进行无缝连接而无须做任何修改。

在网络层和传输层，车载以太网采用 IEEE 802.1 标准，兼容 IEEE 1722、TCP、UDP、IPv4/IPv6 协议。在应用层，车载以太网还支持 SOME/IP、HTTP、流媒体服务（Stream Media Service）等协议。

四、车载以太网的数据帧

1. 数据链路层的数据帧

车载以太网协议兼容 IEEE 802.3 标准，可以在数据链路层使用以太网帧进行数据传输，如图 2-22 所示，一个 IEEE "分组" 以前导字段作为开始，接收器用前导字段确定帧的到达时间。以太网是一个异步的局域网，不保持精确的时间同步，从一个以太网接口到另一个以太网接口的编码位之间的间隔一般不相同。前导的典型值为 0xAA，在发现帧起始分隔符（Start of Frame Delimiter, SFD）时，接收器使用它 "恢复时钟"。SFD 为固定值 0xAB。

1 个以太网帧包含目的地址（DST）、源地址（SRC）、长度/类型字段、数据段和帧校验序列（FCS），数据段也称为 MAC 客户机数据，包括 P/Q 标签、上层协议有效载荷、填充等。

以太网帧头部的 DST、SRC 字段是长度为 6B 的目的地址和源地址。在源地址（SRC）后面，是 1 个长度字段或者 1 个类型字段。如果该字段的值 ≥0x0600，则该字段是类型字

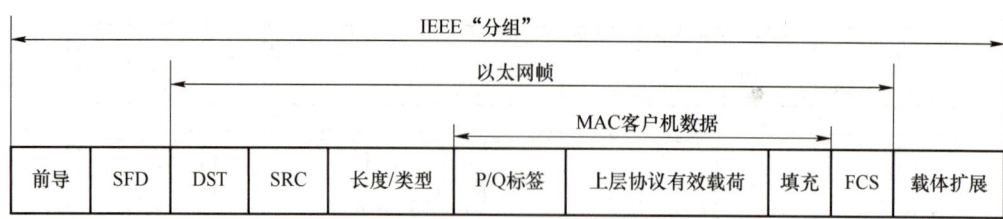

图 2-22 车载以太网 IEEE 802.3 的数据帧

段，否则为长度字段，通常情况下为类型字段。这个字段在 TCP/IP 协议族中的常见值包括 0x0800（IPv4 协议）、0x86DD（IPv6 协议）、0x0806（ARP 协议）。

长度/类型字段的值，如果不大于 1500 则表示长度，如果大于 1500 则表示上层协议（如 IP、ARP 等）。MAC 客户机数据携带上层协议的有效数据长度，可以根据需要变化，为了确保帧的总长度符合最小长度要求，有效载荷的后面有时会填充 0。

在有效载荷之后是提供对帧完整性检查的帧校验序列（Frame Check Sequence，FCS）或称循环冗余校验（Cyclic Redundancy Check，CRC），长度为 4B。计算消息 m 的 FCS 时，首先在待检查消息 m 末尾补 32 位 0 生成扩展消息 M；再用扩展消息 M 除以 1 个 33bit 的生成多项式，FCS（或 CRC）字段的值为这个除法的余数的二进制反码，商则被丢弃。以太网中的生成多项式 N = 100000100110000010001110110110111。接收方收到这个以太网帧后，会用相同的方法计算这个帧的 FCS 值，如果与帧中的 FCS 值不相等，说明这个帧在传输过程中可能受损，将会直接丢弃这个帧。

2. 传输层的数据帧

激光雷达的点云数据量巨大，是典型使用以太网传输信息的车规感知设备，其主数据流输出协议（Main data Stream Output Protocol，MSOP）使用 UPD（User Datagram Protocol）协议，激光雷达 MSOP 数据包如图 2-23 所示。

MSOP 数据包完成激光雷达三维测量的相关数据输出，包括激光测距值、回波反射率值、水平旋转角度值和时间戳。MSOP 数据包的有效载荷长度为 1248B，其中有 42B 的同步帧头（Header），1200B 的数据块区间，以及 6B 的帧尾（Tail）。

帧头用于识别数据的开始位置。其中，目标 MAC 地址和源 MAC 地址各 6B，类型/长度字段 2B，有效载荷 20B，UDP 端口号 4B，UDP 长度及求和校验 4B。

数据块区间是传感器的测量值部分，共 1200B，由 12 个 data block 组成，每个 data block 长度为 100B，代表一组完整的测距数据，data block 中 100B 的空间包括：2B 的 0xffee 固定值的标志位，2B 的 Azimuth 的相对水平角度信息，2 组 16 个通道的 channel data 点云数据（每个通道 3B）。

角度值定义：以速腾聚创 RS-LiDAR-32 激光雷达为例，在每个 data block 中，输出的水平角度值是该 data block 中第一个通道激光测距时的角度值。角度值来源于角度编码器，角度编码器的零位即角度的零点，水平旋转角度值的分辨率为 0.01 度。

channel data 定义：每个 data block 有 32 个 channel data，每个 channel data 长度是 3B，前两字节用于表示距离信息，后一字节用于表示反射率信息，Distance 长度是 2B，单位为 cm，分辨率是 1cm。

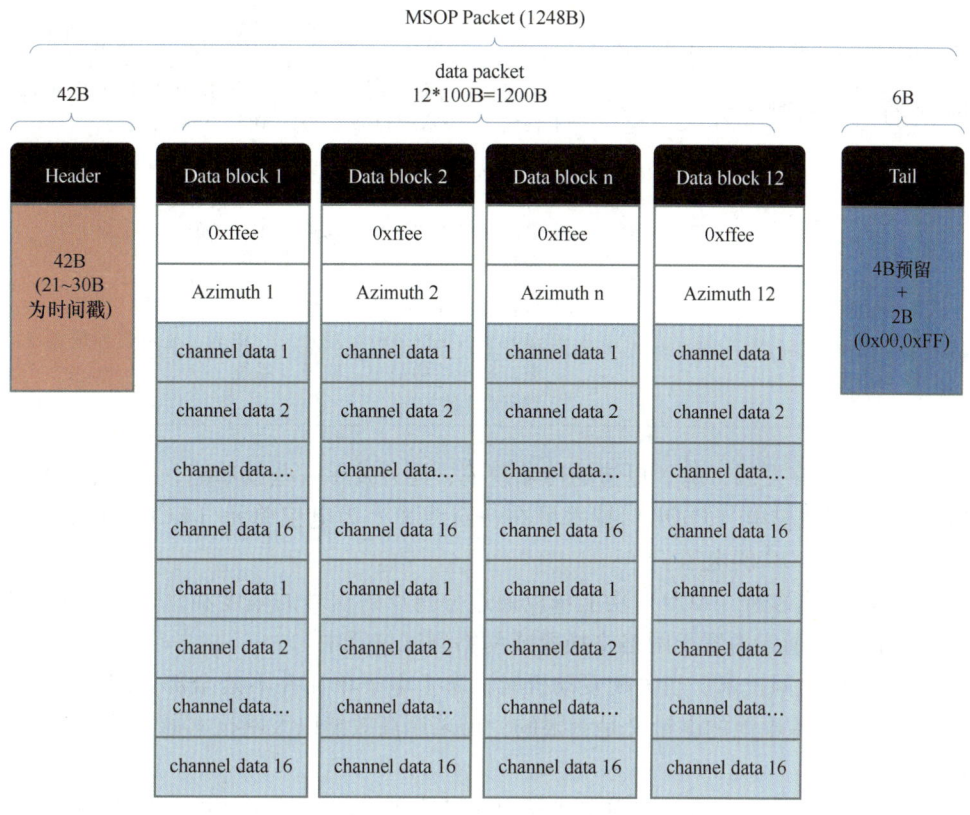

图 2-23 激光雷达 MSOP 数据包

帧尾（Tail）长度为 6B，包括 4B 的预留和 2B 的 0x00、0xFF。

五、车载以太网的发展

常见车载网络技术（表 2-3）中，CAN 总线的实时性强、可靠性高，已经成为各汽车制造商的首选车载网络。LIN 总线适合通信速度较低的应用场景，通常作为 CAN 总线的补充。FlexRay 总线采用双信道冗余结构，基于时间发送报文，满足线控技术的高安全性需求。MOS 总线用于满足车载信息娱乐应用的特殊需求，只支持光纤环形拓扑结构，但其带宽、传输速率和兼容性等各方面不如车载以太网，预计车载以太网具有更大的发展空间。

表 2-3 常见车载网络技术

车载网络类型	传输速率	传输距离	特点	应用
CAN 总线	500kbit/s（高速 CAN 总线）100kbit/s（低速 CAN 总线）	最远 10km	实时性强、可靠性高、传输速率快、通信距离远、结构简单、灵活性高、价格低	高速 CAN 总线主要连接发动机、自动变速器等动力系统；低速 CAN 总线用于灯光、刮水器、电动座椅、后视镜等舒适系统
LIN 总线	20kbit/s	不超过 40m	硬件成本低、具有可预期性、灵活性好、效率高、可靠性好	车门、转向盘、座椅、空调

（续）

车载网络类型	传输速率	传输距离	特点	应用
FlexRay 总线	10Mbit/s	—	速度快、效率高、容错性强、持双通道ECU	牵引力控制、发动机控制、ABS、ASR
MOST 总线	147.5Mbit/s	—	低成本、实时性好、支持同步和异步传输、支持多路网络连接方式、电磁兼容性好	车载电视、车载电话、车载CD、车载互联网
车载以太网	10Gbit/s	—	传输速率快、开放、信息共享、支持多种物理介质、拓扑结构简单、软硬件资源丰富	仪表、显示与导航系统、娱乐系统

车载以太网仍在发展，除了更快的传输速率，还开发了一些新功能，主要有：

1）通过数据线供电（PoDL）技术可在一对线缆上为电控单元（ECU）的正常运行提供12V DC 或者 5V DC 的电压。

2）先进的电缆诊断（ACD）功能可以通过分析反射信号的幅度和延迟来检测电缆的故障位置，ACD功能通常内置于网络交换机或网络测试仪器中。

3）高能效以太网技术。当关闭发动机时，车上电子单元并不是全部关闭的，这时需要用蓄电池供电，而蓄电池的电量又是有限的，可采用高效能以太网技术通过关闭不在用的网络以降低耗电量。

4）时间同步技术。车载以太网支持异构网络的连接，车载以太网采用IEEE 802.1as 的定时同步标准，能实现不同传感器之间或不同执行器之间的时间同步。

5）时间触发技术。IEEE 802.3 工作组开发了一种高优先级的快速包技术，使得快速包可插入正在处理的包队列中被优先处理，以保证延迟时间在微秒级范围内。

6）音视频桥接（AVB）技术。AVB能满足车内音频视频应用的低延迟、高可靠性、精确同步的传输要求，支持唇同步多媒体播放、在线导航地图等汽车联网应用、ADAS以及诊断功能等。

【任务实施】

任务名称：车载以太网的波形分析	
项目	任务实施内容
任务目标	1. 能够使用示波器读取车载以太网的差分波形 2. 能够根据车载以太网的差分波形，分析、诊断CAN总线电路故障
任务准备	实施要点：1. 更换实训服，摘掉首饰，长发挽起固定于脑后 2. 准备工具：联网计算机、纸、笔、示波器、特殊工具 3. 严禁非专业人员或无教师在场的情况下私自对部件进行操作
	实施记录：是否完成：□是　□否 特殊工具清单：

项目 2　车载网络关键技术

（续）

项目	任务实施内容		
任务计划	根据任务目标，制订任务实施计划		
	序号	作业项目	实施要点
	1		
	2		
	3		
	4		
	5		
示波器功能检查	实施要点	1. 连接示波器，设置示波器探头衰减倍率 2. 进行示波器自检	
	实施记录	1. 是否接通示波器电源：□是　□否 如果不能正常开机，问题是_____ 2. 是否将示波器探头连接到示波器 CH1、CH2 通道：□是　□否 如果探头、探针有损坏，位置是_____ 3. 是否将探头衰减倍率开关设置为 10X 段：□是　□否 4. 是否将探头的探针和接地夹连接到示波器探头补偿信号输出端口：□是　□否 5. 按示波器 auto 键，是否显示方波：□是　□否 方波频率为_____Hz，幅值为_____V	

59

（续）

项目	任务实施内容	
车载以太网差分波形读取	实施要点	1. 正确连接电路 2. 记录差分电压波形
	实施记录	1. 将示波器 CH1 通道探头的探针和接地夹分别连接到 Ethernet-H 线和接地，调整示波器，按 hold 键保持波形，记录波形 以太网差分波形读取 2. 将示波器 CH2 通道探头的探针和接地夹分别连接到 Ethernet-L 线和接地，调整示波器，按 hold 键保持波形，记录波形 3. 分析波形数据 | | 波特率 | 幅值 | | --- | --- | --- | | Ethernet-H | | | | Ethernet-L | | | | 分析 | 本实验车载以太网的速率是：□100Mbit/s　□1Gbit/s | | | | 本实验车载以太网是否有电路故障：□是　□否 | |

项目 2 车载网络关键技术

（续）

项目		任务实施内容			
车载以太网电路故障诊断	实施要点	1. 预设置车载以太网电路故障 2. 分析车载以太网电路故障原理、现象			
	实施记录	故障原因	故障表现描述		能否通信
		Ethernet-H 对电源短路	电压：	波形：	□是 □否
		Ethernet-L 对电源短路	电压：	波形：	□是 □否
		Ethernet-H 对地线短路	电压：	波形：	□是 □否
		Ethernet-L 对地线短路	电压：	波形：	□是 □否
		Ethernet-H、Ethernet-L 相互短路	电压：	波形：	□是 □否
		Ethernet-H 断路	电压：	波形：	□是 □否
		Ethernet-L 断路	电压：	波形：	□是 □否

任务名称：车载以太网报文监听与解析

项目		任务实施内容	
任务目标		1. 能够使用 wireshark 等工具软件进行车载以太网报文监听 2. 能够查阅技术资料，能够解析典型车载以太网报文	
任务准备	实施要点	1. 更换实训服，摘掉首饰，长发挽起固定于脑后 2. 准备工具：联网计算机、纸、笔、特殊工具 3. 严禁非专业人员或无教师在场的情况下私自对部件进行操作	
	实施记录	是否完成：□是 □否 特殊工具清单：	
任务计划	根据任务目标，制订任务实施计划		
	序号	作业项目	实施要点
	1		
	2		
	3		
	4		
	5		

（续）

项目		任务实施内容
配置 wireshark 工具软件	实施要点	1. 安装 wireshark 软件 2. 配置 wireshark 软件
	实施记录	1. 如果是 Windows 系统： 是否安装程序：□是　□否 安装过程中是否确认勾选 WinPcap 选项和 USBPcap 选项：□是　□否 2. 如果是 Ubuntu 系统： 是否通过终端命令行安装 wireshark：□是　□否 安装 wireshark 的命令行： sudo apt-add-repository ppa：wireshark-dev/stable sudo apt-get update sudo apt-get install wireshark 是否把当前用户加入 wireshark 用户组：□是　□否 设置 wireshark 的命令行： sudo groupadd wireshark sudo chgrp wireshark /usr/bin/dumpcap sudo chmod 4755 /usr/bin/dumpcap sudo gpasswd -a your_username wireshark 3. 运行 wireshark 软件，运行 ping www.baidu.com，验证软件抓包功能是否正常：□是　□否 如果不能正常运行，问题是＿＿＿＿＿
监听 UDP 报文	实施要点	以激光雷达与车载计算平台的以太网通信为例，监听用户数据报协议（UDP）报文
	实施记录	1. 查阅激光雷达用户手册，填写以下数据： |　　　　　| IP 地址 | UDP 设备包端口号 | UDP 数据包端口号 | |---|---|---|---| | 激光雷达 | | | | | 车载计算平台 | | | | 2. 是否设置车载计算平台的 IP 地址、子网掩码：□是　□否 3. 是否将激光雷达的网线接入车载计算平台：□是　□否 4. 是否运行 wireshark 软件，选择菜单栏 Capture-Option 并勾选 WLAN 网卡：□是　□否 5. 是否单击 wireshark 软件的 Star 键，启动抓包：□是　□否 6. 可能会抓取多个 IP 的数据包，是否遴选出激光雷达的数据包：□是　□否

以太网数据帧采集

62

（续）

项目		任务实施内容
解析 UDP 报文	实施要点	以激光雷达与车载计算平台的以太网通信为例，解析 UDP 报文
	实施记录	1. 记录 1 条抓取到的 UDP 数据帧，帧头是否为 ffee：□是　□否 数据帧：ffee_____ 2. 填写下表<table><tr><td>Source IP 地址</td><td>UDP 数据帧总长度</td><td>UDP 端口号</td><td>UDP 数据帧有效长度</td></tr><tr><td></td><td></td><td></td><td></td></tr><tr><td>帧头长度</td><td>Data Block 长度</td><td>Data Block 数量</td><td>帧尾长度</td></tr><tr><td></td><td></td><td></td><td></td></tr></table>3. 是否解析步骤 1 填写的数据帧：□是　□否<table><tr><td></td><td>水平旋转角度（°）</td><td>距离/cm</td><td>反射率</td></tr><tr><td>线数 1</td><td></td><td></td><td></td></tr><tr><td>线数 2</td><td></td><td></td><td></td></tr><tr><td>线数 3</td><td></td><td></td><td></td></tr><tr><td>线数 4</td><td></td><td></td><td></td></tr><tr><td>线数 5</td><td></td><td></td><td></td></tr><tr><td>线数 6</td><td></td><td></td><td></td></tr><tr><td>线数 7</td><td></td><td></td><td></td></tr><tr><td>线数 8</td><td></td><td></td><td></td></tr><tr><td>线数 9</td><td></td><td></td><td></td></tr><tr><td>线数 10</td><td></td><td></td><td></td></tr><tr><td>线数 11</td><td></td><td></td><td></td></tr><tr><td>线数 12</td><td></td><td></td><td></td></tr><tr><td>线数 13</td><td></td><td></td><td></td></tr><tr><td>线数 14</td><td></td><td></td><td></td></tr><tr><td>线数 15</td><td></td><td></td><td></td></tr><tr><td>线数 16</td><td></td><td></td><td></td></tr></table>

【质量评价】

任务总结	车载以太网的总结：				
	工作实施情况反思：				

	评价项目	评价标准	自评价	小组评价	教师评价	总体评价
质量评价	知识目标	在任务实施过程中，对学员关于车载以太网的组成、协议、数据帧等知识的掌握程度，进行优、良、中、差评价				
	能力目标	在任务实施过程中，根据学员是否能通过合理使用通用工具和专用仪器，查阅技术文件并进行设备实操，读取车载以太网差分波形，完成报文监听与编制，进行优、良、中、差评价				
	素质目标	在任务实施过程中，根据学员表现出的团队协作能力、科学探究精神和工匠精神，进行优、良、中、差评价				

【回顾思考】

一、填空题

1. 以太网的雏形是_____，使用同轴电缆，以 2.94Mbit/s 速率运行。
2. 车载以太网包括_____、_____和_____ 3 个演进阶段。
3. 2020 年 IEEE 发布了支持 100Mbit/s 速率的_____车载以太网技术标准。
4. 车载以太网的拓扑结构包括_____、_____和_____等多种结构。
5. 车载以太网分为_____、_____、_____、_____和应用层 5 层。
6. 1 个以太网帧包含_____、_____、_____和帧校验序列 FCS。
7. MSOP 协议的有效载荷长度为_____个字节，以帧头为_____个字节、数据包为_____个字节、帧尾为_____个字节。

二、选择题

1. 传统以太网和车载以太网分别通过（　　）对双绞线传递信号。
   A. 4 和 2　　　　　　　　　　B. 4 和 1
   C. 2 和 1　　　　　　　　　　D. 2 和 2

2. 车载以太网的差分电平为（　　）。
   A. +2.5V、-2.5V　B. 1.5V、3.5V　C. 0V、5V　　D. +1V、-1V

3. 车载以太网数据帧的 SFD 固定值为（　　）。
   A. 0xAA　　　　B. 0xAB　　　　C. 0xAC　　　　D. 0xAD

4. 如果车载以太网使用 IPv4，那么数据帧的长度/类型字段值为（　　）。
   A. 0x0800　　　B. 0x086DD　　C. 0x0806　　　D. 0x0808

5. 以下哪个不是车载以太网的功能（　　）。
   A. PoDL 供电功能　　　　　　　B. 先进电缆诊断（ACD）功能
   C. 异构网络时间同步功能　　　　D. 400Gbit/s 高速传输功能

三、判断题

1. 车载以太网协议栈中，UDP 是网络层的协议。　　　　　　　　　　　　（　）
2. 100Mbit/s 的车载以太网，其双绞线的电平速率也是 100Mbit/s。　　　（　）
3. 车载以太网兼容 TCP/IP 协议族，数据链路层采用 IEEE 802.3 接口标准，可以与以太网的数据链路层进行无缝连接。　　　　　　　　　　　　　　　　　　（　）
4. 以太网是一个异步的局域网，不保持精确的时间同步，从一个以太网接口到另一个以太网接口的编码位之间的间隔一般不相同。　　　　　　　　　　　　　（　）
5. MOST 总线和车载以太网都能支持树形拓扑结构。　　　　　　　　　　（　）

四、简答题

1. 请简要说明车载以太网应用的必要性。
2. 请简要分析车载以太网为何有取代 MOST 总线的趋势。
3. 请简要分析车载以太网的协议栈。
4. 请简要分析车载以太网的数据帧结构和校验机制。

项目 3
车联网通信关键技术

任务 1　DSRC 技术应用

【情景导入】

2015 年 9 月 28 日，全国 31 个（省、直辖市、自治区）实现高速公路 ETC 联网通行。截至 2019 年底，全国有 ETC 用户 20388 万、ETC 专用车道 27546 条、ETC 高速公路里程 14.69 万 km，均居世界第一，极大地提高了现有高速公路基础设施能力，初步构建中国高速公路数字化、网络化和智能化基本框架，为中国迈向智慧高速公路奠定坚实基础。我国高速公路 ETC 专用车道场景如图 3-1 所示。

图 3-1　我国高速公路 ETC 专用车道场景

【任务目标】

知识目标：

1. 了解 DSRC 协议栈。
2. 了解 IEEE 802.11p、IEEE 1609 和 J2735 等主要 DSRC 协议。

3. 了解 DSRC 的应用。

能力目标：

1. 合理使用专用设备和程序装调、配置 DSRC 系统 OBU 和 RSU 设备。

2. 使用技术文件，根据典型 V2X 场景的要求，采集、分析 DSRC 报文。

3. 具备《车联网集成应用》职业技能等级标准中的车端、路端工作领域系统集成应用的相关能力。

素养目标：

1. 培养团队协作的能力。

2. 培养科学探究精神和严谨的工匠精神。

【知识准备】

一、DSRC 的背景与发展

广义的专用短程通信（Dedicated Short Range Communication，DSRC）技术是负责在车-路和车-车之间建立信息双向传输的专用短程通信技术的统称，而不具体指某一个特定的技术。目前，国际上已经形成了以美国、欧洲和日本为核心的 DSRC 标准化体系。

狭义的 DSRC 指基于 IEEE 802.11p 和 IEEE 1609 标准的 WAVE（Wireless Access in Vehicular Environment）通信技术。下文以 WAVE 标准介绍 DSRC 技术。

二、DSRC 的协议栈

DSRC 频谱包含了 7 个 10 MHz 的信道和在最底部预留了一个 5 MHz 的保护间隔，并指定了每个信道是服务信道（Service Channel，SCH）还是控制信道（Control Channel，CCH），美国 DSRC 信道划分如图 3-2 所示。其中，两个 10 MHz 的信道也能合成 20MHz 的信道，例如 175 信道和 181 信道。

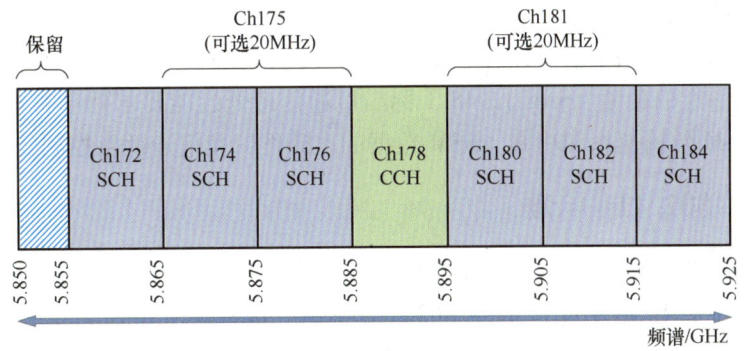

图 3-2　美国 DSRC 信道划分

不同的信道分配不同的任务，例如 172 信道侧重于 V2V 之间的基本安全消息（Basic Safety Message，BSM）信息交互，174 信道和 176 信道用于中距离的共享公共安全/私有服务，178 信道为控制信道，180 信道和 182 信道提供短距离的共享公共安全/私有服务，184

信道侧重于长距离的交叉口安全。

DSRC 协议栈如图 3-3 所示。在物理层（Physical Layer，PHY）和介质访问控制（Media Access Control，MAC）层，DSRC 使用 IEEE 802.11p 提供车载环境下的无线接入。

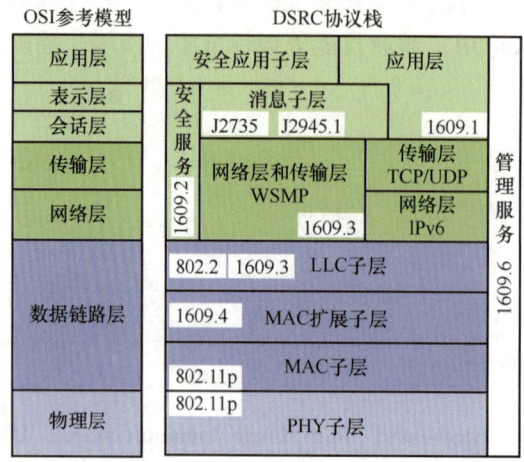

图 3-3　DSRC 协议栈

在协议栈中间位置，DSRC 采用一套 IEEE 1609 工作组定义的标准：IEEE 1609.4 用于信道切换，IEEE 1609.3 用于网络服务（包括 WAVE 短消息协议 WSMP），IEEE 1609.2 用于安全服务。DSRC 支持在网络和传输层使用 IPv6 协议、用户数据报协议（User Datagram Protocol，UDP）和传输控制协议（Transmission Control Protocol，TCP），以支持接入 Internet 的需求。在具体通信过程中，选择使用 WSMP 还是 IPV6+UDP/TCP 取决于应用程序给定的要求。例如，碰撞预防的单跳消息，可以使用通信效率高的 WSMP，而多跳消息可使用 IPv6 的路由功能。

在协议栈顶部，SAE J2735 标准指定了固定的消息格式来支持各种基于车辆的应用程序，其中最重要的消息格式是 BSM 消息，它传达了重要的车辆状态信息来支持 V2V 安全应用程序。频繁发送 BSM 的车辆可以互相追踪周边其他车辆的运动状态，通过具体算法分析行为轨迹来防止潜在的碰撞。SAE J2945.1 标准对通信最低性能要求标准有详细说明，需要解决的主要是 BSM 传输速率和功率、BSM 数据的准确性以及信道拥塞控制的问题。

三、IEEE 802.11p 标准

2004 年 IEEE 成立工作组，在 IEEE 802.11a 标准的基础上研究车辆环境下的无线接入 WAVE 版本，并于 2010 年发布了 IEEE 802.11p 标准。该标准对物理层和 MAC 子层两个部分进行了标准化，并针对车辆通信环境在热点切换、移动性支持、通信安全等方面进行了优化。

1. IEEE 802.11p 物理层标准

IEEE 802.11p 的物理层分为 2 个子层：物理介质关联（Physical Medium Dependent，PMD）子层和物理层汇聚（Physical Layer Convergence Procedure，PLCP）子层，如图 3-4 所示。

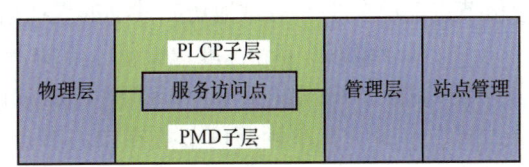

图 3-4　IEEE 802.11p 物理层模型

PMD 子层定义了在物理介质上进行单个比特的传输和接收方面的细节，优化使用了 IEEE 802.11a 的正交频分复用（Orthogonal Frequency Division Multiplexing，OFDM）技术，在 10MHz 信道宽度上建立了 52 个子载波，其中 48 个为数据子载波，4 个为导频子载波，默认传送速率为 6Mbit/s。

PMD 子层向 PLCP 子层提供将数据流发送至传输媒介和从传输媒介接收数据流的方法。

PLCP 子层将来自 MAC 子层的服务数据单元通过编码、调制、映射等过程转换为物理层服务数据单元，并在其头部添加 PLCP 前导码和帧头，进而构成完整的物理层 PLCP 协议数据单元（PLCP Protocol Data Unit，PPDU），这些附加的信息对接收端的解调至关重要。

PPDU 的帧格式如图 3-5 所示，主要分为三部分。第一部分是前导码（Preamble）域，第二部分是用于指示第三部分传输长度和速率信息的 SIGNAL 域，第三部分是 DATA 域，包括 MAC 子层传输给 PLCP 的 MAC 帧信息及尾部信息等。

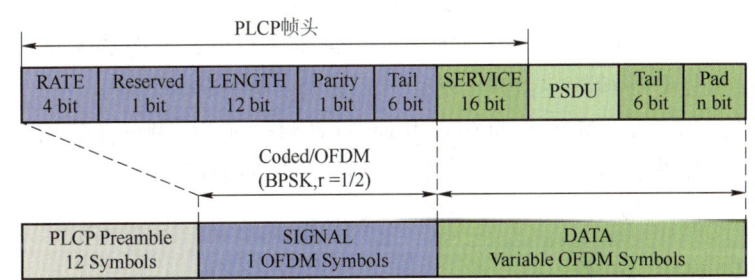

图 3-5　PPDU 的帧格式

前导码由 10 个重复的短训练符号和 2 个重复的长训练符号组成，总时长为 32μs，用以完成信号侦查、频率偏置估计、时间同步和信道判断等。例如接收端工作在 10MHz 信道时，在检测到前导码后的 8μs 内，确定该信道为占用状态。

SIGNAL 域由 PLCP 帧头的前 5 个字段组成，定义了后续 PSDU 的基本信息，如调制速率（RATE）、长度（LENGTH）、校验（Parity）等。尾比特使得接收端在收到该符号后立即就可以对其进行解调和译码，这一点对于接收端至关重要，否则只能在接收到整个 PPDU 后才能进行解调和译码。在该域中，采用调制方式为 BPSK、码率为 1/2 的单个 OFDM 符号用于数据的传输，并通过多个子载波进行并行传输以提高效率和可靠性。

DATA 域的 PSDU 字段对应 MAC 帧，SERVICE 字段和 Tail 字段用于比特加扰，Pad 字段匹配调制编码速率所需的编码信息，采用 RATE 字段指定的速率进行编码调制，通常由可变数量的 OFDM 符号组成，采用循环长度为 127 的帧同步扰码器加扰，提高安全性。

2. IEEE 802.11p 介质访问控制层标准

IEEE 802.11p 的 MAC 标准位于物理层之上，通过相关机制协调各个车辆通信节点对信道资源的访问，保证各通信节点能够公平和可靠地访问共享的无线信道资源。

与 IEEE 802.11a 标准相同，IEEE 802.11p 标准也提供了点协调功能（Point Coordinated Function，PCF）和分布式协调功能（Distributed Coordinated Function，DCF）两种信道协调功能。前者主要用于集中式网络、即所有车辆通信节点在中心节点（路边单元或簇头）的集中控制下有序地进行数据交换。DCF 则用于全分布式网络，在这种类型的网络中不存在用于集中控制的中心节点，所有车辆通信节点需要根据自身对物理信道的观测结果独立访问信道。

在 DCF 访问控制方式下，车辆节点间通过 CSMA/CA 机制实现无线资源的共享，其过程可分为侦听、退避和握手。发送端在向无线信道发送 MAC 帧之前需要通过侦听信道来检测是否有其他节点正在访问信道资源。MAC 协议中同时提供了物理载波侦听和虚拟载波侦听两种方式，前者通过物理层检测到的载波信号强度估计物理信道状态，而后者通过接收帧帧头中的相关字段对信道状态进行预测。为了减少传输碰撞，MAC 采用了随机退避机制，发送端在发送数据帧之前需要侦听信道一个随机的时间，只有在这段时间内信道一直空闲，它才能真正开始传输。

在通信过程控制方面，DCF 提供了两步握手和四步握手两种方式。两步握手又称 DATA/ACK 握手，目的端在正确接收到远端节点发送的数据帧后需要向发送端节点回复确认帧，数据帧或确认帧的丢失都会触发重传过程。考虑到车辆通信系统中广泛存在的隐终端和暴露终端等问题，802.11p 标准的 MAC 协议中还规定了一种称为请求发送/清空发送（Request To Send/Clear To Send，RTS/CTS）的四步握手机制，发送端先发送 RTS 帧请求占用信道，接收端回复 CTS 帧清空信道，然后才开始两步握手传输过程。

在通信质量控制方面，MAC 标准引入 IEEE 802.11e 的增强型分布式信道接入机制，以便为低时延、高可靠的通信业务提供服务质量保障，该机制通过 IEEE 1609.4 标准的多信道机制来实现。

四、IEEE 1609 标准

相对于 IEEE 8011.p 在物理层和 MAC 层规定了 DSRC 的底层标准，IEEE 1609 规定了 DSRC 的高层标准，自 2007 年起陆续发布了多个版本，形成了 IEEE 1609.X 标准族，如图 3-6 所示。

1）IEEE 1609.1 标准用于车载环境中无线接入的资源管理，为 DSRC 设备提供了额外的管理机制，让具有控制能力的节点可以远程控制一个区域内的所有节点。这个标准允许远端应用程序与 OBU 或 RSU 通信，WAVE 的资源管理扮演一个应用层角色，其通信目的是引导资讯交换。

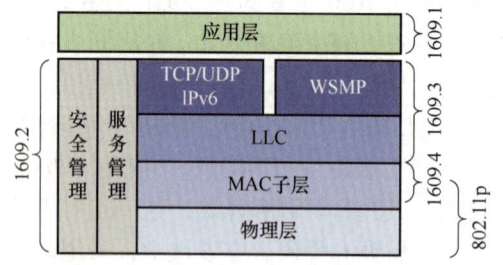

图 3-6　IEEE 1609.X 标准族

2）IEEE 1609.2 标准用于车载环境中无线接入的应用和管理信息的安全服务，包括 WAVE 信息安全，防止电子欺诈、窃听和其他攻击。IEEE 1609.2 标准定义了安全信息格式，包括在车辆间通信（属于 DSRC）和 WAVE 系统内部传输的安全信息的处理方法，例如加密方法、关于车辆引起的安全信息例外处理和支援核心安全功能的必要管理功能等。

3）IEEE 1609.3 标准定义了网络服务标准，可以分为数据层和管理层。数据层包括逻辑链路控制（LLC）、IPv6、高层的 UDP 或 TCP 与 WSMP。管理层包括服务请求、信道接入分配、管理数据传输、监听 WAVE 服务广播（WSA）、IPv6 环境参数配置以及相关数据管理信息数据库（MIB）的维护等。

IEEE 1609.3 提供 WAVE/DSRC 的网络服务，如 WAVE 系统的定址及路由。它提供两种传输服务：IPv6 传输服务、WAVE 短消息协议（WSMP）服务。IPv6 仅能使用在 SCH 服务信道上，而 WSMP 是 IEEE 1609.3 专门为车载通信而制订的封包格式，它简化了 UDP 和 IPv6 协议的复杂度，用以提升 WAVE 的传输效率，可以使用任意信道传输（CCH 或 SCH）。它允许应用程序通过传输信息直接控制物理层，例如信道号码、传输功率等。WSMP 数据包除数据外，还提供该数据包使用的信道、传输速率和传输功率给接收数据包的上层应用程序。

WAVE 定义的短消息称为 WAVE Short Message（WSM），由上层触发，通过短消息协议（WSMP）发送，由可变大小的标头和有效负载组成，其格式如图 3-7 所示。

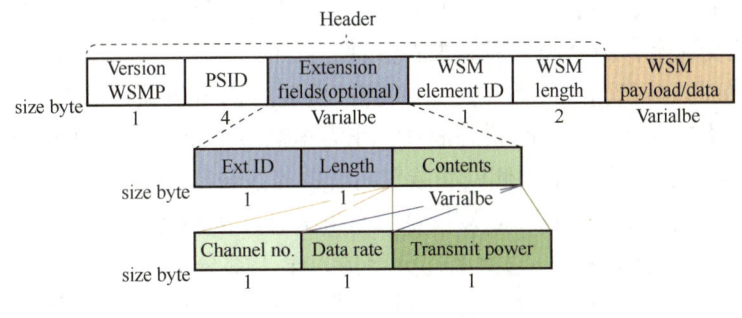

图 3-7　WSM 数据帧格式

Version WSMP：具有 1B 的版本字段，用于指定 WSMP 协议的版本编号。

PSID（Provider Service ID）：服务 ID，4B 长度，是 TCP 或 UDP 中的模拟输出端口号，用于将 WSM 有效负载和特定服务（即安全服务）相关联层之间的传入和传出数据与服务编号匹配并进行相应处理。

Extension fields：扩展字段，在 WSM 中是可选的，提供了在 WSM 中通信附加信息的灵活性。该字段通常由 1B 标识符，1B 长度和可变大小内容字段 3 部分组成。可变大小内容字段包括信道编号、数据传输速率、传输功率。

WSM element ID：指示 WSM 有效负载的格式，并标记扩展字段的结尾。

WSM length：表示 WSM 有效负载字段的长度。

WSM payload/data：有效负载/数据字段：用于携带上层提供的数据，并将该数据从发送方传递到接收方。该字段包含了在车辆间进行通信的实际信息或消息，例如车辆状态、传感器数据、路况信息或其他通信目的的数据。这些数据可以是来自上层应用或协议栈的内容，如消息子层（message sublayer）创建的消息。

4）IEEE 1609.4 标准是多信道操作标准，它位于 IEEE 802.11p 与 IEEE 1609.3 之间，提供信道协调以及 MAC 子层管理功能。它定义了 1 个控制信道（CCH）和 6 个服务信道

（SCH）。不同类型的信息需要在不同信道上传输。CCH 保留给高优先级应用程序和系统控制信息使用，SCH 支持一般目的的应用数据传输。

五、SAE J2735 标准

在 DSRC 协议栈的顶层是美国汽车工程师学会（Society of Automotive Engineers，SAE）的 SAE J2735 标准，它定义了用于车辆安全应用方面的数据集，以支持 V2X 场景的应用程序开发。2009 年，SAE 制订了 J2375 的第一个版本 J2375—2009，其后不断迭代，目前应用最广的是 J2375—2016。此外，SAE J2945 标准定义了通信最低性能要求。

J2735—2016 定义的主要消息有 4 类，分别是基本安全消息（BSM）、路侧通知消息（Road Side Information，RSI）、信号相位与时间消息（Signal Phase and Timing Message，SPAT）、地图（MAP）消息。

1）基本安全消息（BSM）：由车载网联装置从自车上获取，或者由 RSU 采集后向所覆盖区域范围内的车辆 OBU 发送，另外联网设备之间可选择性传输 BSM。该消息可将各种外接装置（车载传感器、雷达、视频仪等）采集到的各交通参与方的状态信息统一整合。

2）路侧通知消息（RSI）：由路侧网联装置向所覆盖区域范围内的车载网联设备广播当前区域内发布的交通事件消息和交通标志牌信息。

3）信号相位与时间消息（SPAT）：由路侧网联装置向所覆盖区域范围内的车载网联装置广播当前交叉路口的信号灯实时状态消息，作为车辆能否允许通行的判断标准。

4）地图（MAP）消息：由路侧网联装置向所覆盖区域范围内的车载网联装置广播当前区域内路网信息，包含路口信息、路段信息、车道信息和道路连接关系等。

BSM 是其中最重要的消息，它由两部分组成，第 1 部分的属性是必选的，包括车辆位置信息、运动状态参数（速度、加速度）、驾驶行为信息（制动状态、转向盘转角）、车辆物理属性以及路况（道路湿滑程度）等核心要素，所有数据按照设定频率统一发送，见表 3-1。第 2 部分是可选属性列表，如环境温度和压力、风窗玻璃刮水器状态和轮胎状况，数据元素能以不同的频率发送，或者仅在某些事件触发时发送，见表 3-2。

表 3-1 SAE J2735 标准 BSM——第 1 部分

元素/帧	描述
DSRCmsgID 元素，1B	每个消息的第一个元素，用来判断消息的类型
Msg Count 元素，1B	给定一辆车的序数，每成功传输 1 条 BSM，序数就相应增加，主要用于统计错误包
Temporary 元素，4B	这个元素受发送车辆的控制。它在一段时间内是一个随机的常量，偶尔会因为私人原因改变，它使接收车辆易于将发送同一车辆的消息流联系起来
DSecond 元素，2B	时钟信号，按分钟取模，精度为 1ms
Latitude 元素，4B	地理纬度，精度为 1/10μ 度
Longitude 元素，4B	地理经度，精度为 1/10μ 度
Elevation 元素，2B	低于或者高于海平面的位置，精度为 0.1m
Position Accuracy 元素，4B	一个复杂的元素，记录地球长半轴和短半轴的标准差，以及长半轴的罗盘方向，用以传达经纬度的精确值
Tansmission And Speed 元素，2B	3bit 用于编码车辆的传输设置，剩下的 13bit 用于传达车辆的无符号速度，精度为 1cm/s

项目 3 车联网通信关键技术

(续)

元素/帧	描述
Heading 元素，1B	表示车辆的方向，精度为 1/80°
Steering Wheel Angle 元素，2B	表示转向盘的当前位置，顺时针旋转表示为一个正角度，精度为 1.5°，允许的角度范围为 180°
Acceleration Set4Way 帧，1B	一个复杂的帧，提供纵向加速度、横向加速度、垂直加速度和偏航率
Brake System Status 元素，7B	一个复杂的元素，传达 4 个车轮上的制动是否起作用的信息及显示以下控制系统或动作的状态：制动踏板踩下、车轮制动、牵引力控制系统、防抱死制动系统、车身稳定控制系统、制动助力、辅助制动等。其值显示车辆是否装配有该系统，以及系统是否打开、是否处于激活状态
Vehicle Size 帧，2B	显示车辆的长度和宽度，精度为 1cm

表 3-2　SAE J2735 标准 BSM——第 2 部分

元素/帧	描述
Event Flag 元素，2B	该元素是一个位域，每个位代表一个特定的事件标志，用以提供有关车辆行为和状态的信息。通过检查 Event Flag 元素中的位值，接收方可以了解发送方车辆的相关事件情况，从而进行交通安全决策。典型的事件标志如下：该位的值为 1 表示当前发生紧急制动事件；为 0 表示未发生紧急制动（Hard Braking）、紧急加速（Hard Accel）、急转弯向左（Hard Left）、急转弯向右（Hard Right）、轻度制动（Light Braking）等
Path History 帧，可变长度	该帧用于记录车辆的历史轨迹信息，使接收方能够了解车辆的行驶路径和速度变化，对于交通管制、碰撞预警和交通流量分析等应用非常有用。该帧内容包含了车辆过去一段时间内，经纬度或道路参考点（Roadway Reference Point，RRP）等坐标系统的位置信息，数据采集时间的时间戳信息，航向速度、横向速度或纵向速度等每个时间戳的速度信息
Path Prediction 帧，3B	该数据帧用来显示消息发送者想要经过的路线，以一个 2B 曲率半径和一个 1B 的预测置信度表示
RTCM Packet 帧，可变长度	类似 RTCM Connections 消息类型，该帧用于支持车联网应用和交通管理系统之间的实时连接建立和维护。该帧允许发送者以 RTCM 类型传送 CPS 修正数据，长度可变，并且取决于发送端 GPS 单元看到的 GPS 卫星数目

【任务实施】

任务名称：DSRC 组成认知与设备装调	
项目	任务实施内容
任务目标	1. 以 ETC 系统为例，了解 DSRC 系统的主要组成 2. 以 ETC 系统设备配置为例，掌握 DSRC 系统装调技能 3. 培养团队合作精神和严谨细致的工作作风
任务准备	实施要点：1. 更换实训服，摘掉首饰，长发挽起固定于脑后 2. 准备工具：联网计算机、DSRC 系统设备、纸、笔、特殊工具 3. 严禁非专业人员或无教师在场的情况下私自对部件进行操作
	实施记录：是否完成：□是　□否 特殊工具清单：

（续）

项目	任务实施内容		
任务计划	根据任务目标，制订任务实施计划		
	序号	作业项目	实施要点
	1		
	2		
	3		
	4		
	5		
	6		
	7		
DSRC 设备检查	实施要点	1. 检查 DSRC 设备是否齐全、外观是否正常 2. 检查配套的配件是否齐全、外观是否正常	
	实施记录	1. DSRC 设备是否具有路侧主机 1 个：□是　□否　编码：_____ 外观是否有损伤：□是　□否，如有，位置是 _____ 2. DSRC 设备是否具有路侧天线 1 个：□是　□否　编码：_____ 外观是否有损伤：□是　□否，如有，位置是 _____ 3. DSRC 设备是否具有路侧天线延长线 1 条：□是　□否 外观是否有损伤：□是　□否，如有，位置是 _____ 4. DSRC 设备是否具有路侧 USB 通信线 1 条：□是　□否 外观是否有损伤：□是　□否，如有，位置是 _____	**DSRC 设备装调与信息传输**
OBU 设备检查	实施要点	1. 检查 OBU 设备是否齐全 2. 检查外观是否正常	
	实施记录	是否具有 OBU 设备 2 个：□是　□否 设备 1 编码：_____ 设备 2 编码：_____ 设备 1 外观是否有损伤：□是　□否，如有，位置是 _____ 设备 2 外观是否有损伤：□是　□否，如有，位置是 _____	
硬件安装与连接	实施要点	1. 小心连接天线延长线，并谨慎检查连接可靠性 2. 小心连接 DSRC 设备与计算机的 USB 通信线，并确认连接线序是否正确 3. 连接 USB 插口之前，确认 DSRC 设备及天线未与金属物体接触，以免短路 4. 将 DSRC 设备通过 USB 插口连接到计算机，并确保可靠连接 5. 改变 DSRC 天线朝向，天线垂直轴心朝向车道来车方向	
	实施记录	1. 使用天线延长线，将天线与 DSRC 设备连接 连接是否完成：□是　□否　　连接是否可靠：□是　□否 不能连接或连接不可靠的原因：_____ 2. 将 USB 通信线与 DSRC 设备连接 连接是否完成：□是　□否　　连接是否可靠：□是　□否 连线线序是否正确：□是　□否，连接故障的原因：_____ 3. 确认天线、DSRC 设备未与金属物体接触 是否接触金属物品：□是　□否　　如有接触，是否处理：□是　□否 不能处理的原因：_____ 4. 将 DSRC 设备通过 USB 插口与计算机连接 是否可靠连接：□是　□否，连接故障的原因：_____ 5. 天线朝向来车方向的原因：_____（查找产品说明）	

（续）

项目		任务实施内容
驱动安装	实施要点	1. 学会使用计算机的"设备管理器（M）"，并查看关键设备驱动情况 2. 拔掉 DSRC 设备的 USB 线，查看"设备管理器（M）"内是否有变化 3. 查看是否有这个 DSRC 设备，状态是"未知设备"，还是有名称 4. 如果是"未知设备"或有"感叹号"，则需要安装"USB 驱动"，方法是在"设备管理器"内，找到该设备，然后自动搜索驱动，或浏览驱动文件夹查找驱动程序
	实施记录	1. 插拔 DSRC 设备时，计算机设备管理器设备列表是否有变化：□是　□否 无变化的原因分析：_____ 2. "设备管理器"内，DSRC 设备的名称是_____ 驱动是否正常安装：□是　□否 不能正常安装驱动的原因是：_____ 3. 按照_____的方法安装 DSRC 设备的 USB 驱动 A. 自动搜索驱动程序　B. 浏览"我的电脑"以查找驱动程序 提示驱动是否安装成功：□是　□否 分析不能成功的原因，并尝试其他办法：_____
软件安装	实施要点	1. 若为绿色软件，则将可执行文件发送到"桌面快捷方式"，便于使用 2. 注意事项：防火墙、杀毒软件可能阻止安装
	实施记录	1. 下载、安装"QETCTest.exe"软件，该软件为绿色软件，可以直接双击打开 2. 软件是否能打开：□是　□否 3. 如果不能打开，则注意查看阻止的提示内容并处理
软件参数设定	实施要点	1. 注意串口号选择、通信波特率设定 2. 注意软件无法选择 DSRC 所在端口的情况处理方法 3. 注意不能找到设备的处理方法
	实施记录	1. 软件是否能找到 DSRC 设备所在端口：□是　□否 2. 串口号选择为_____ 3. 串口设备名称为_____ 4. 串口"波特率"为_____

任务名称：DSRC 系统信息传输		
项目		任务实施内容
任务目标		1. 以 ETC 系统为例，了解 DSRC 系统信息传输 2. 以 ETC 系统为例，了解 DSRC 系统报文解析 3. 培养团队合作精神和严谨细致的工作作风
任务准备	实施要点	1. 更换实训服，摘掉首饰，长发挽起固定于脑后 2. 准备工具：联网计算机、DSRC 系统设备、纸、笔、特殊工具 3. 严禁非专业人员或无教师在场的情况下私自对部件进行操作
	实施记录	是否完成：□是　□否 特殊工具清单：_____

（续）

项目	任务实施内容		
任务计划	根据任务目标，制订任务实施计划		
	序号	作业项目	实施要点
	1		
	2		
	3		
	4		
	5		
	6		
	7		
	8		
	9		
DSRC 设备检查	实施要点	1. 检查 DSRC 设备是否齐全、外观是否正常 2. 检查配套的配件是否齐全、外观是否正常	
	实施记录	1. DSRC 设备是否具有路侧主机 1 个：□是　□否　编码：_____ 外观是否有损伤：□是　□否，如有，位置是_____ 2. DSRC 设备是否具有路侧天线 1 个：□是　□否　编码：_____ 外观是否有损伤：□是　□否，如有，位置是_____ 3. DSRC 设备是否具有路侧天线延长线 1 条：□是　□否 外观是否有损伤：□是　□否，如有，位置是_____ 4. DSRC 设备是否具有路侧 USB 通信线 1 条：□是　□否 外观是否有损伤：□是　□否，如有，位置是_____	
OBU 设备检查	实施要点	1. 检查 OBU 设备是否齐全 2. 检查外观是否正常	
	实施记录	是否具有 OBU 设备 2 个：□是　□否 设备 1 编码：_____，设备 2 编码：_____ 设备 1 外观是否有损伤：□是　□否，如有，位置是_____ 设备 2 外观是否有损伤：□是　□否，如有，位置是_____	

（续）

项目		任务实施内容
硬件安装与连接	实施要点	1. 小心连接天线延长线，并谨慎检查连接可靠性 2. 小心连接 DSRC 设备与计算机的 USB 通信线，并确认连线线序是否正确 3. 连接 USB 插口之前，确认 DSRC 设备、天线未与金属物体（含电缆、金属外壳等）接触，以免短路 4. 将 DSRC 设备通过 USB 插口连接到计算机，并确保可靠连接 5. 改变 DSRC 天线朝向，天线垂直轴心朝向车道来车方向
	实施记录	1. 使用天线延长线，将天线与 DSRC 设备连接 连接是否完成：□是　□否　　连接是否可靠：□是　□否 不能连接或连接不可靠的原因：＿＿＿＿＿＿＿＿＿ 2. 将 USB 通信线与 DSRC 设备连接 连接是否完成：□是　□否　　连接是否可靠：□是　□否 连线线序是否正确：□是　□否 不能连接或连接不可靠的原因：＿＿＿＿＿＿＿＿＿ 3. 确认天线、DSRC 设备未与金属物体接触 是否接触金属物品：□是　□否　　如有接触，是否处理：□是　□否 不能处理的原因：＿＿＿＿＿＿＿＿＿ 4. 将 DSRC 设备通过 USB 插口与计算机连接 是否可靠连接：□是　□否 不能可靠连接的原因：＿＿＿＿＿＿＿＿＿ 5. 天线朝向来车方向的原因：＿＿＿＿＿＿＿＿＿（查找产品说明）
软件参数设定	实施要点	1. 注意串口号选择、通信波特率设定 2. 注意软件无法选择 DSRC 所在端口的情况处理方法 3. 注意不能找到设备的处理方法
	实施记录	1. 软件是否能找到 DSRC 设备：□是　□否 注意：不能找到 DSRC，请查看驱动安装情况，以及 USB 线连接情况 2. 串口号选择为＿＿＿＿＿＿＿＿＿ 3. 串口设备名称为＿＿＿＿＿＿＿＿＿ 4. 串口"波特率"为＿＿＿＿＿＿＿＿＿
测试读取 OBU 信息	实施要点	能实现 DSRC 设备与 OBU 设备的连接
	实施记录	1. 将 OBU 装置放在天线的前方，需要在无遮挡情况下，放在 10m 以内（不同天线有不同的距离要求，部分天线距离可以达到最远 15m） 2. 单击"QETCTest.exe"软件上的"测试"按钮，同时聆听 OBU 设备是否发出短促蜂鸣声（如"哔哔"声等） 3. 如果没有发出"哔哔"声，则需要做如下检查和排除故障 1）OBU 设备是否没有电 2）OBU 设备是否距离天线太远或不在正前方 3）DSRC 设备是否连接正常，端口是否选择正确，波特率是否正确等
软件使用注意事项	注意事项	1. 不要点击本实验提示的按钮之外的软件按钮，可能会清除 OBU 设备的 IC 卡内容 2. IC 卡信息清除是不可逆的（需要借助特殊专用工具，这类工具无法购买到） 3. 软件上提示的 PSAM 卡，是一种用于离线解读加密信息的卡，需要放在 DSRC 设备上使用；该卡由于金融安全等原因，无法被购买到

（续）

项目		任务实施内容
OBU 设备信息读取	实施要点	能实现 DSRC 设备对 OBU 设备信息读取
	实施记录	1. 将 OBU 装置放在天线的前方，需要在无遮挡情况下，10m 以内（不同天线有不同的距离要求，部分天线距离最远可以达到 15m） 2. 单击"QETCTest.exe"软件上的"唤醒 OBU"按钮，同时聆听 OBU 设备是否发出短促蜂鸣声（如"哔哔"等） 3. 如果没有发出"哔哔"声，则需要做如下检查和排除故障 1) OBU 设备是否没有电 2) OBU 设备是否距离天线太远或不在正前方 3) DSRC 设备是否连接正常，端口是否选择正确，波特率是否正确等 4. 查看软件下方的数据读取窗口，并将进度条拉到显示数据最下方 5. 所读取到的服务商编码是：_____；OBU 合同号是：_____；其他信息有：_____
读取 OBU 内车牌号信息	实施要点	能实现 DSRC 设备对 OBU 设备内的 IC 卡信息读取（本步骤读取车牌号）
	实施记录	1. 将 OBU 装置放在天线的前方，需要在无遮挡情况下，10m 以内（不同天线有不同的距离要求，部分天线距离最远可以达到 15m） 2. 单击"QETCTest.exe"软件上的"唤醒+EE（5+6）"按钮，同时聆听 OBU 设备是否发出短促蜂鸣声（如"哔哔"声等） 3. 如果没有发出"哔哔"声，则需要做如下检查和排除故障 1) OBU 设备是否没有电 2) OBU 设备是否距离天线太远或不在正前方 3) DSRC 设备是否连接正常，端口是否选择正确，波特率是否正确等 4. 查看软件下方的数据读取窗口，并将进度条拉倒显示数据最下方 5. 所读取到的车牌号是：_____；如果没有车牌号，原因是该 OBU 内插的 IC 卡已经被清除数据，请更换一张有数据的 IC 卡
读取 OBU 内车主信息	实施要点	能实现 DSRC 设备对 OBU 设备内的 IC 卡信息读取（本步骤读取车主信息）
	实施记录	1. 将 OBU 装置放在天线的前方，需要在无遮挡情况下，10m 以内（不同天线有不同的距离要求，部分天线距离最远可以达到 15m） 2. 单击"QETCTest.exe"软件上的"唤醒+EE（7+8）"按钮，同时聆听 OBU 设备是否发出短促蜂鸣声（如"哔哔"声等） 3. 如果没有发出"哔哔"声，则需要做如下检查和排除故障 1) OBU 设备是否没有电 2) OBU 设备是否距离天线太远或不在正前方 3) DSRC 设备是否连接正常，端口是否选择正确，波特率是否正确等 4. 查看软件下方的数据读取窗口，并将进度条拉到显示数据最下方 5. 所读取到的车主名字是：_____；身份证号码是：_____，如果没有这些信息，原因可能是该 OBU 内插入的 IC 卡已经被清除数据

项目 3　车联网通信关键技术

【质量评价】

任务总结	DSRC 技术认知与通信的任务总结： 工作实施情况反思：					
质量评价	评价项目	评价标准	自评价	小组评价	教师评价	总体评价
	知识目标	在任务实施过程中，对学员关于 DSRC 的组成、传输机制和报文解析等知识的掌握程度，进行优、良、中、差评价				
	能力目标	在任务实施过程中，根据学员是否能通过合理使用通用工具和专用仪器，查阅技术文件，装调、配置 DSRC 系统硬件，解析报文，进行优、良、中、差评价				
	素养目标	在任务实施过程中，根据学员表现出的团队协作能力、科学探究精神和工匠精神，进行优、良、中、差评价				

【回顾思考】

一、填空题

1. DSRC 的英文解释是_____，广义的 DSRC 指_____，狭义的 DSRC 指_____。

2. 美国 DSRC 的频段为_____GHz，分为_____个 10 MHz 的信道和_____个 5MHz 的保护间隔，其中服务信道 SCH_____个、控制信道 CCH_____个。

3. 欧盟 DSRC 的频段为_____GHz，中国 DSRC 的频段为_____GHz，中国 ETC 系统的频段为_____GHz。

4. _____标准对物理层和 MAC 子层两个部分进行了标准化，并针对车辆通信环境从热点切换、移动性支持、通信安全等方面进行了优化。

5. IEEE 802.11p 的物理层分为 PMD 和 PLCP 等 2 个子层，其中 PMD 子层定义了_____，PLCP 子层将来自 MAC 子层的数据转换为物理层服务数据单元。

二、选择题

1. 在 DSRC 协议栈中，物理层使用的标准是（　　），数据链路层使用的标准是（　　）。
A. IEEE 802.11p，IEEE 1609　　　　　B. IEEE 1609，IEEE 802.11p
C. TCP/UDP，IEEE 802.11p　　　　　D. IEEE 802.11p，TCP/UDP

2. 在 DSRC 协议栈的中间层，使用（　　）标准进行信息的传输管理和安全管理。
   A．IEEE 802.11p　　　B．IEEE 1609　　　C．TCP/UDP　　　D．SAE J2735
3. 物理层 PLCP 协议数据单元 PPDU 的帧格式分为 3 部分，依次分别是（　　）。
   A．SIGNAL 域，Preamble 域，DATA 域　　　B．Preamble 域，DATA 域，SIGNAL 域
   C．SIGNAL 域，DATA 域，Preamble 域　　　D．Preamble 域，SIGNAL 域，DATA 域
4. 物理层 PLCP 协议数据单元 PPDU 的数据帧中，负责 PSDU 信息校验的是（　　）字段。
   A．RATE 字段　　　B．Reserved 字段　　　C．LENGTH 字段　　　D．Parity 字段
5. 在 DSRC 协议栈的顶层，用（　　）标准定义消息格式。
   A．IEEE 802.11p　　　B．SEA J2735　　　C．IEEE 1609　　　D．SAE J2945

三、判断题

1. WSMP 通信效率高于 TCP/UDP。　　　　　　　　　　　　　　　　　　　　　　（　　）
2. IEEE 1609 规定了 DSRC 的底层标准，用于管理服务。　　　　　　　　　　　　（　　）
3. WAVE 消息由底层触发，通过短消息协议 WSMP 发送。　　　　　　　　　　　（　　）
4. SAE J2735 定义了 4 类消息，分别是 BSM 消息、RSI 消息、SPAT 消息和 MAP 消息。
　　　　　　　　　　　　　　　　　　　　　　　　　　　　　　　　　　　　　（　　）
5. SAE J2735 定义的消息中，最重要的是 BSM 消息，用于传输车辆的速度、方向、坐标等基本信息。　　　　　　　　　　　　　　　　　　　　　　　　　　　　　　　（　　）

四、简答题

1. DSRC 的广义和狭义定义各是什么？
2. 绘制 DSRC 协议栈框图，并简述各协议的作用。
3. 绘制 IEEE 1609.X 标准族框图，并简述各标准的作用。
4. 查阅文献，简述 SAE J2735 标准的作用、主要迭代史。

任务 2　LTE-V2X 技术应用

【情景导入】

　　2013 年 5 月 17 日世界电信和信息社会日大会，中国大唐电信科技产业集团（现中国信息通信科技集团）首次在国际上提出 LTE-V2X 车联网概念及关键技术，奠定了蜂窝车联网（C-V2X）系统架构和技术原理。

【任务目标】

知识目标：
1. 了解 LTE-V2X 通信方式和网络架构。
2. 了解 LTE-V2X 无线接口协议。
3. 了解 LTE-V2X 数据帧。

能力目标：
1. 合理使用专用设备和程序装调、配置 LTE-V2X 系统设备。

2. 使用技术文件，根据典型 V2X 场景的要求，采集、分析 LTE-V2X 报文。

3. 具备《车联网集成应用》职业技能等级标准中的车端、路端工作领域系统集成应用的相关能力。

素养目标：

1. 培养团队协作的能力。

2. 培养科学探究精神和严谨的工匠精神。

3. 培养爱国主义情怀和民族自信。

【知识准备】

一、LTE-V2X 的背景与发展

在 C-V2X 技术出现前，车联网技术主要是基于 IEEE 802.11p 无线接入的 DSRC 技术，在 Wi-Fi 基础上进行改造，易用性较好。DSRC 支持运动环境下的车-车和车-路的直通通信，不支持长距离通信，并且存在隐藏终端问题，在节点数量密集时，会出现时延大、可靠性低的缺点，因此 DSRC 进行了十余年的研究，发展并不理想。

进入 21 世纪，蜂窝移动通信迅速发展，具有大容量、广覆盖、移动性好的优势。但手机与基站是点对点通信，并且约 80% 用户和流量发生在室内静止或低速移动场景，而车联网的车-车通信基本发生在室外高速运动场景，是多点对多点的并发通信，具有较大的场景差异。车联网的应用场景非常复杂，从道路安全类、交通效率类、信息服务类等基本应用向智慧交通、自动驾驶等增强应用演进，要求严苛、需求多样，蜂窝通信或 DSRC 都无法满足车联网的通信需求。

蜂窝车联网（Cellular Vehicle-to-Everything，C-V2X），是将蜂窝移动通信技术和直通通信技术有机结合起来，既解决车-车和车-路间的低时延、高可靠通信难题，又满足高速率且时延容忍的车-云通信需求，支持智能交通和自动驾驶汽车等垂直行业新应用的技术，目前已研究了 LTE-V2X 和 NR-V2X 这 2 个阶段。

LTE-V2X 技术是 C-V2X 技术的第一阶段，主要面向基本道路安全应用，R14 定义了包含车-车、车-路、车-人、车-云通信在内的 27 个基本应用场景，如前向碰撞预警、信号灯提示等，定义了最大移动速度、时延、消息发送频度、数据分组大小以及安全等通用规格，R15 在 R14 基础上研究了增强应用。LTE-V2X 的业务需求见表 3-3，标准化进展见表 3-4。

表 3-3 LTE-V2X 的业务需求

业务需求	说明
移动速度	最大绝对速度为 250km/h，最大相对速度为 500km/h
数据分组大小	典型的周期性数据分组为 50~300B，事件触发数据分组最大为 1200B
消息发送频度	1~10Hz
端到端时延	100~1000ms，预碰撞感知场景下为 20ms
可靠性	传输层支持高可靠性（>90%）
通信范围	满足 TTC 为 4s 的反应时间（即通信范围≥UE 最大相对速度×4s）
安全	通信设备需要被网络授权才能支持 V2X 业务，要支持用户的匿名性，并保护用户隐私

表 3-4 LTE-V2X 标准化进展

标准阶段	起止时间	项目名称	标准化内容	主要输出	C-V2X 相关内容说明
R14	2015 年 3 月至 2015 年 12 月	Study on LTE Support for V2X Services (FS_V2X LTE)	定义 27 种基本应用场景, 支持道路安全和非安全应用	TR 22.885	R14 给出了 C-V2X 的定义, 引入工作在 5.9GHz 频段的 LTE-V2X 直连通信方式（即 PC5 接口）, 支持面向基本的道路安全业务需求的 V2X 广播通信, 并对移动蜂窝通信的 Uu 接口进行优化
R14	2015 年 6 月至 2016 年 6 月	Study on LTE-based V2X Services (FS_V2X LTE)	确定 LTE-V2V 工作场景, 仿真假设和需要增加的技术特征	TR 36.885	
R14	2015 年 9 月至 2016 年 3 月	LTE Support for V2X Services (V2X LTE)	总结 LTE-V2X 的总体需求, 业务需求和安全需求	TR 22.185	
R14	2015 年 12 月至 2016 年 9 月	Support for V2V Services Based on LTE Sidelink (LTE_V2X-Core)	研究 LTE-V2V 的 PC5 接口相关技术	TR 36 系列	
R14	2016 年 6 月至 2017 年 3 月	LTE-Based V2X Services (LTE_V2X-Core)	研究 LTE-V2V 的 Uu 接口相关技术, 解决上一阶段的遗留问题	TR 36 系列	
R15	2016 年 6 月至 2016 年 12 月	Study on Enhancement of 3GPP Support for V2X Services (FS_eV2X)	定义了 4 类, 25 种面向自动驾驶的应用	TR 22.886	R15 是第一个完整的 5G 标准, 侧重于增强移动宽带（eMBB）场景（高速率）, 面向 5G 初期个人和行业的基本需求。在 C-V2X 方面对 LTE-V2X 进行了功能增强, 包括在 PC5 接口引入载波聚合, 64QAM 高阶调制, 发送分集和时延缩减等新技术特性, 进一步增强了 PC5 接口在速率, 可靠性, 低时延方面的性能, 但并没有对 V2X 业务进行针对性设计和优化
R15	2017 年 1 月至 2017 年 3 月	Enhancement of 3GPP Support for V2X Scenarious (eV2X)	总结 4 类应用需求	TR 22.186	
R15	2017 年 3 月至 2018 年 9 月	V2X Phase 2 Based on LTE (LTE_eV2X-core)	研究增强的 R15 相关技术	TR 36 系列	
R15	2017 年 3 月至 2018 年 6 月	Study on Evaluation Methodology of New V2X Use Cases (FS_NR_V2X_eval)	研究支持 V2X 增强应用的评估方法	TR 37.885	

二、LTE-V2X 的通信方式和网络架构

1. LTE-V2X 的通信方式

蜂窝通信系统中,基站与手机等终端之间的双向通信接口称作 Uu 接口,包括基站发射、终端接收的下行链路,以及终端发射、基站接收的上行链路。当终端间用户数据通信不需要经过基站而进行终端间的直通链路(Sidelink)通信时,C-V2X 把直通通信接口称为 PC5 接口。

LTE-V2X 定义了两种通信方式:蜂窝通信方式和直通通信方式,对应 Uu 和 PC5 两类接口,Uu 的工作频段为 4G 频段,PC5 的工作频段为 ITS 频段。LET-V2X 支持的工作场景既包括有蜂窝网络覆盖的场景,也包括没有蜂窝网络部署的场景。Uu 接口可以发挥蜂窝网络覆盖优势,通信范围大,适用于时延不敏感、长距离通信的场景。PC5 接口有利于满足端到端低时延和高可靠通信要求,还能支持蜂窝网络覆盖外的车-车/车-路通信需求。两者各有优缺点,用户可以有机结合,根据需要灵活选择通信方式。

3GPP TR22.185 定义了 LTE-V2X 支持的 4 类 V2X 通信,如图 3-8 所示。V2V 代表车辆与周边邻近车辆的相互通信,V2I 代表车辆与路侧设备等基础设施之间的相互通信,V2P 代表车辆与行人之间的相互通信,V2N 代表车辆与应用服务器之间的相互通信。

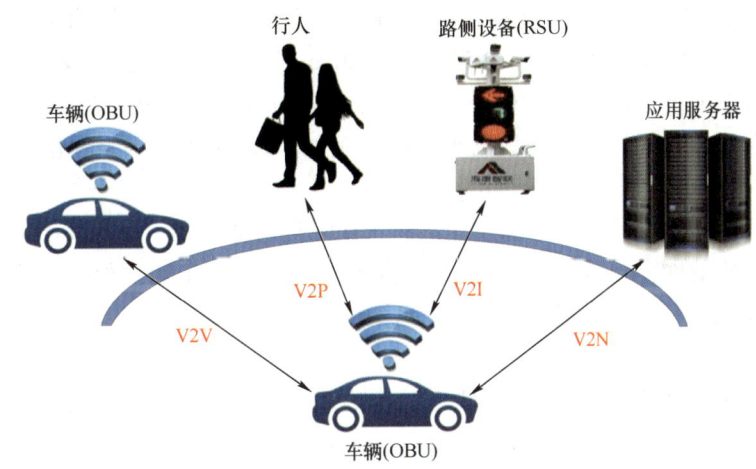

图 3-8 V2X 应用场景

根据接口类型对应的应用场景进行分类,可以分为基于 Uu 接口的 V2V、V2I、V2P、V2N 工作场景,基于 PC5 接口的 V2V、V2I、V2P 工作场景,以及同时基于 Uu 接口和 PC5 接口的场景。

2. LTE-V2X 的网络架构

为了支持蜂窝通信和直通通信两种互为补充的通信方式以及各种车联网应用的需求,3GPP 在 LTE 4G 网络架构基础上设计了 LTE-V2X 网络架构,如图 3-9 所示。

LTE 4G 蜂窝网络架构包括核心网、接入网及用户终端(UE)部分,其中核心网与接入网间需要进行控制平面和用户平面的接口连接;接入网与 UE 间通过协议栈定义的无线空口进行连接。无线接入网与核心网遵循各自独立发展的原则,空中接口终止在无线接入网。

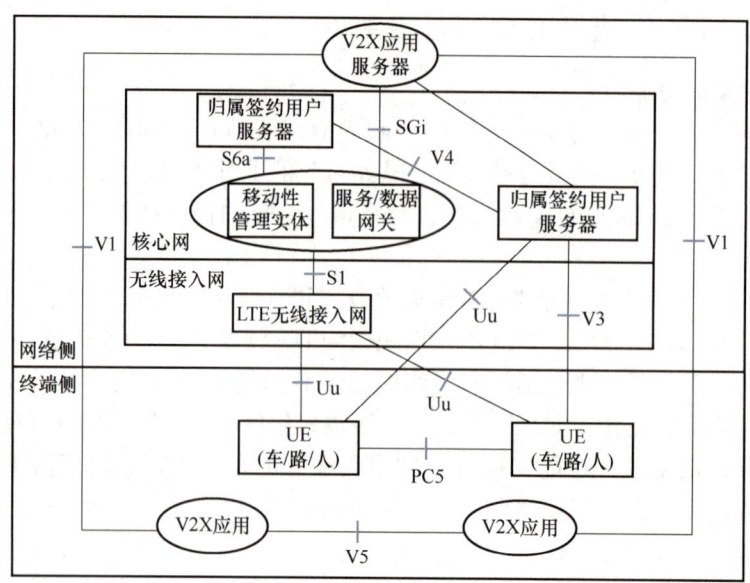

图 3-9　LTE-V2X 网络架构

Uu 接口的 V2X 通信尽量使用蜂窝通信系统的已有设计，在网络架构中引入支持 V2X 类应用的新网元——V2X 应用服务器（V2X Application Server，VAS），在核心网中通过 SGi 接口与服务网关（Serving Gateway，SGW）、数据网关（PDN Gateway，PGW）连接。VAS 在应用层进行消息的发送、接收、转发处理。终端侧的 V2X 应用与网络侧的 VAS 通过 Uu 通信方式在 V1 接口上进行对等通信。

面向低时延传输需求，网络架构中引入了 UE 间直通通信的 PC5 接口，UE 间直通通信不经过任何网络侧的网元，可降低传输时延。UE 既可以代表车辆、行人等位置不断移动的终端，也可以代表固定部署在交通道路的 RSU 等。UE 间直通通信的终端侧 V2X 应用在 V5 接口上进行对等通信。

在传统的蜂窝网络架构基础上，LTE-V2X 网络架构中新增的网元间接口见表 3-5。

表 3-5　基于 PC5 和 Uu 接口的 LTE-V2X 网络架构新增网元间接口

新增接口	功能
V1	V2X 通信设备应用与 V2X 应用服务器间接口
V2	运营商网络中，V2X 应用服务器与 V2X 电控单元之间的接口
V3	运营商网络中，V2X 通信设备与 V2X 电控单元之间的接口
V4	运营商网络中，归属签约用户服务器与 V2X 电控单元之间的接口
V5	不同 V2X 通信设备的 V2X 应用之间的接口
V6	不同 PLMN 的 V2X 电控单元之间的接口
PC5	UE 之间直接传输，不经过网络侧单元
SGi	V2X 应用服务器与 SGW/PGW 之间的接口

三、LTE-V2X 的无线接口协议

无线接口协议主要用来建立、重配置和释放各种无线承载业务。在 3GPP 中，无线接口是一个标准化的接口，不同制造商的设备遵守接口标准规范就能够相互通信。无线接口协议栈主要分为三层两面，三层指物理层、数据链路层和网络层，两面指控制平面和用户平面。LTE-V2X 中，Uu 方式的无线接口协议栈沿用 LTE 蜂窝网络中终端和接入网之间的接口，下面介绍 LTE-V2X PC5 口协议栈。

1. LTE-V2X PC5 用户平面协议栈

UE 间的 V2X 消息经 PC5 用户平面进行传输，PC5 用户平面协议栈如图 3-10 所示。物理层（Physical Layer，PHY）位于协议栈最底层，提供比特流传输的所有功能。物理层之上的数据链路层分为 3 个子层，由下层到上层分别为介质访问控制（MAC）层、无线链路控制（Radio Link Control，RLC）层和分组数据汇聚协议（Packet Data Convergence Protocol，PDCP）层。数据链路层同时位于控制平面和用户平面，在控制平面负责无线承载的建立，在用户平面负责用户业务数据的传输。为了减少 IP 头开销，网络层（3GPP 协议栈之上）支持 IP 和非 IP（Non-IP）两种方式承载，能更好地支持上层 V2X 应用层的数据传输。

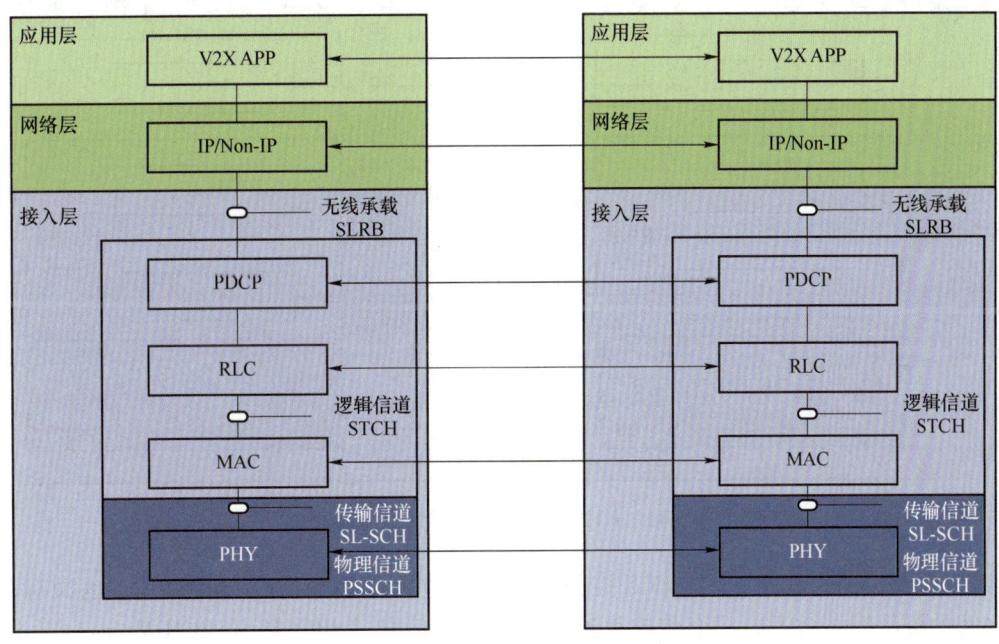

图 3-10　LTE-V2X PC5 用户平面协议栈

V2X 应用层：V2X 应用层的对等通信实体，进行应用消息组包和解析。

网络层：支持 IP/非 IP 方式承载。对于非 IP 传输，定义了 V2X 消息族（V2X Message Family）字段，从而支持全球不同区域的 V2X 协议栈。对于 IP 传输，只支持 IPv6，不支持 IPv4。

接入层尽量复用 LTE 蜂窝网络协议栈功能，选择适合 V2X 通信的特性，形成支持 LTE-V2X 的各层功能：

1)分组数据汇聚协议(PDCP):LTE-V2X 不使用 LTE 系统的 IP 头压缩、加密、完整性保护等功能,仅使用 PDCP 头中的 SDU Type 字段指示上层 SDU 类型,支持基于 IP 和基于 Non-IP 的 V2X 消息。PDCP 以直通链路无线承载(SLRB)的形式向上层提供服务。

2)无线链路控制(RLC):在 LTE-V2X 中仅支持非确认模式(Unacknowledged Mode,UM),仅支持数据的分段,不支持重组。RLC 以 RLC 信道的形式为 PDCP 提供服务。每个 RLC 信道(对应每个无线承载)针对一个 UE 配置一个 RLC 实体。

3)介质访问控制(MAC):负责逻辑信道的复用及调度。MAC 以逻辑信道的形式为 RLC 层提供服务,支持逻辑信道优先级机制。

接入层中的物理层(PHY)负责信道编解码、调制解调、天线映射及其他典型的物理层功能,物理层以传输信道的形式向 MAC 层提供服务。

2. LTE-V2X PC5 控制平面协议栈

LTE-V2X PC5 控制平面协议栈主要负责对无线接口进行管理和控制,包括网络侧的无线资源控制(Radio Resource Control,RRC)协议、数据链路层的 MAC/RLC/PDCP 协议以及物理层协议。PC5 控制平面协议栈沿用 Uu 控制平面协议栈的基本框架,协议栈如图 3-11 所示。

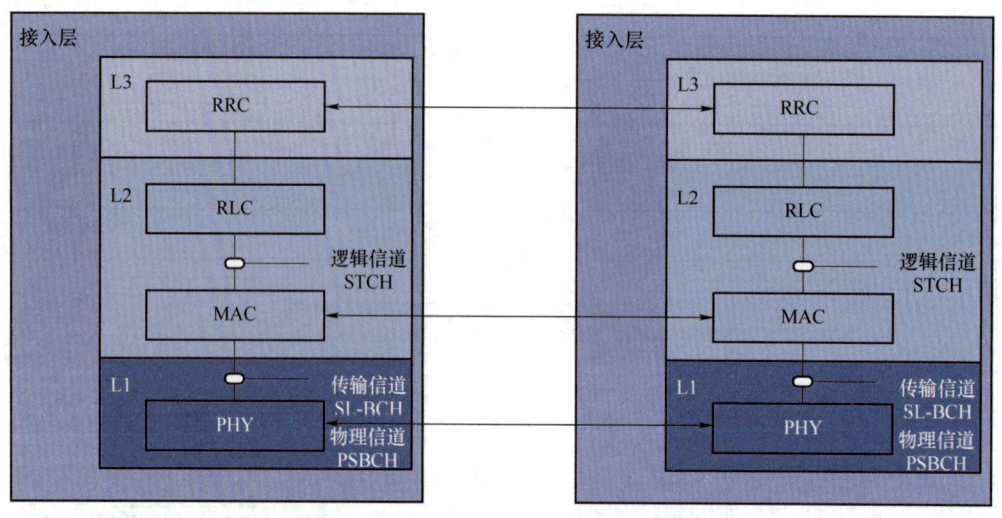

图 3-11　LTE-V2X PC5 控制平面协议栈

无线资源控制(RRC):在 PC5 控制平面没有建立连接的信令交互过程,也没有收发 UE 之间的资源配置过程,只有传输直通链路的广播信息(SBCCH-SL-BCH-Message),其中携带基本的带宽、系统帧号、子帧号等信息,用于支持 PC5 链路上的 UE 之间的直通链路同步过程。

PDCP 层向上层提供服务的接口是信令无线承载(Signal Radio Bearer,SRB),由于 SBCCH 为广播发送,因此不需要 PDCP 执行加密和完整性保护等操作。

RLC 层:采用透明模式(Transparent Mode,TM)发送。

MAC 层:使用物理层的 SL-BCH 承载 SBCCH。

PHY 层:将 SL-BCH 映射至物理直通链路广播信道进行发送。

在基于 LTE-V2X PC5 的用户平面和控制平面协议栈设计中，PC5 接口涉及的相邻协议层之间的连接点被称为服务接入点（Service Access Point，SAP）。其中，物理信道是物理层实际传输信息的信道，物理层和 MAC 层之间的 SAP 为传输信道，MAC 层和 RLC 层之间的 SAP 为逻辑信道。

四、LTE-V2X 的数据帧

1. LTE-V2X 的数据帧结构

通过帧结构定义，约束了数据在时域的发送时间参数，以保证收发的正确执行。LTE-V2X 时域的系统帧结构如图 3-12 所示。

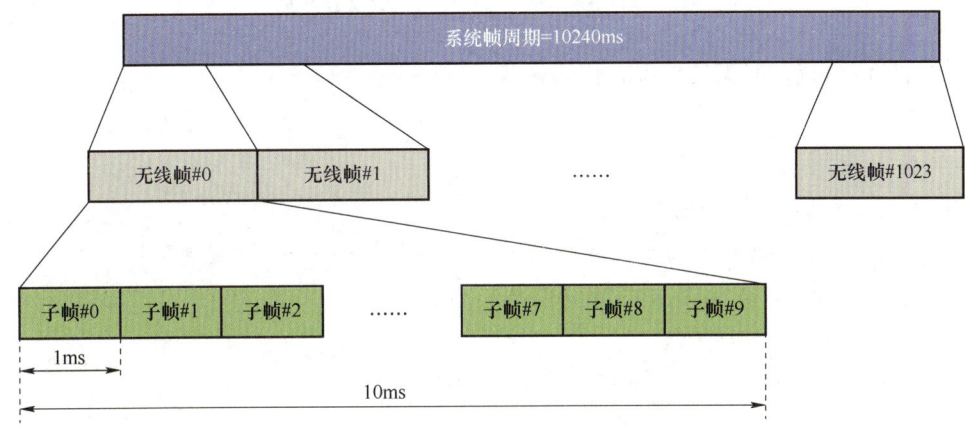

图 3-12　LTE-V2X 时域的系统帧结构

系统帧周期为 10240ms，由 1024 个长度为 10ms 的无线帧构成，每个无线帧由 10 个长度为 1ms 的子帧构成，传输的最小时域单位是子帧，一个子帧包含 2 个长度为 0.5ms 的时隙。

在 LTE-V2X 系统中，由于直通链路的典型传输距离要求为 300m，因此 LTE 常规循环前缀长度 4.7μs 即可满足系统传输距离要求，R14 的 LTE-V2X 不支持扩展循环前缀。1ms 的子帧中包含 14 个符号，具体符号长度与 LTE 4G 蜂窝通信网络的设置相同。

2. LTE-V2X 的数据帧标准

2020 年 11 月，中国汽车工程学会发布了《合作式智能运输系统 车用通信系统应用层及应用数据交互标准（第二阶段）》（T/CSAE 157—2020），定义了车路协同第二阶段的应用场景和车联网应用层的交互数据集，数据集用 ASN.1 标准进行定义，遵循"消息帧-消息体-数据帧-数据元素"层层嵌套的逻辑进行制定，共有基本安全消息（BSM）、路侧安全消息（RSM）、地图消息（MAP）、信号灯消息（SPAT）、路侧消息（RIM）和扩展消息 6 类，如图 3-13 所示。

T/CSAE 157—2020 与美国 SAE J2735 定义的应用层数据字典相比，在基础的数据帧和数据元素等方面具有高度的兼容性，并创新性地提出 RSM 消息，提供了丰富的道路感知信息，增强了 V2X 的协同安全。

消息帧是单个应用层消息的统一打包格式，是数据编解码的唯一操作对象。消息帧由不

图 3-13　T/CSAE 157—2020 应用层交互数据集

同类别的消息体组成,并支持扩展,代码格式示例如下:

【ASN.1 代码】

```
-- Main message frame
MessageFrame ::= CHOICE {
    -- Day 1 message frames ------------------
    bsmFrame BasicSafetyMessage,
    mapFrame MapData,
    rsmFrame RoadsideSafetyMessage,
    spatFrame SPAT,
    rsiFrame RoadSideInformation,
    ...,
    -- Day 2 message frames ------------------
    msgFrameExt MessageFrameExt,
    ...
}
```

3. LTE-V2X 的数据帧消息实例

下面以协作式变道(Collaborative Lane Change,CLC)场景为例,说明具体的数据元素。

协作式变道是指车辆 EV-1 在行驶中需要变道,EV-1 将行驶意图发送给相关车道(本车道和目标车道)的其他相关车辆或路侧设备 RSU,相关车辆收到 EV-1 的意图信息或路侧设备的调度信息,根据自身情况调整驾驶行为,使得车辆 EV-1 能够安全完成变道或延迟变道,以实现车辆之间安全高效的自行合作变道,提升通行效率和道路安全,如图 3-14 所示。协作式变道场景数据交互需求见表 3-6、表 3-7。

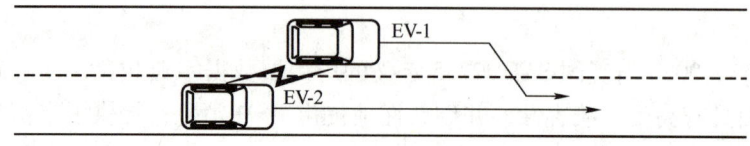

图 3-14　协作式变道场景

表 3-6　协作式变道场景数据交互需求（车辆变道意图消息数据 Msg_VIR）

数据	说明
时刻	消息发送时刻
车辆 ID	
车辆位置信息	
当前驾驶行为意图	变道意图
短时轨迹规划	
意图请示相关目标 ID	请求目标 OBU、RSU 的 ID
消息状态	未知/请求/确认/取消/已完成
请求有效时间	
当前所在道路	使用道路起止节点号表示
换道目标车道 ID	

表 3-7　协作式变道场景数据交互需求（路侧路径引导消息数据 Msg_RSC）

数据	说明
时刻	消息发送时刻
位置	
按单车引导	
被引导车辆 ID	
驾驶行为建议	
驾驶行为建议的有效时间	
相关道路	车辆是否参考该建议的额外路段条件
相关路径	车辆是否参考该建议的额外路径条件
路径引导信息	使用道路起止节点号表示
按车道引导	
引导目标道路/车道	对应 MAP 中的车道或道路
相关路径	引导路段区域的额外位置条件
引导建议速度	
引导建议驾驶行为	
引导生效起止时间	
额外说明	

Msg_VIR 消息用于车辆意图及请求消息，用来进行车辆驾驶意图、优先请求、协作请求等信息的传递，代码示例如下：

【ASN.1 代码】

```
VehIntentionAndRequest ::= SEQUENCE {
    msgCnt MsgCount,
    id OCTET STRING (SIZE(8)),
    -- temperary vehicle ID
    -- same as id in BSM
    secMark DSecond,
    refPos Position3D,
    -- vehicle real position relates to secMark
    intAndReq IARData,
    -- vehicle intention and request
    ...
}
```

Msg_RSC 消息用于路侧单元进行车辆协作或引导的消息,通常用于广播、组播或单播,给车辆提供引导信息和驾驶决策支持。消息可以针对单车进行引导,也可以面向特定的路段和车道符合条件的车辆进行引导,代码示例如下:

【ASN.1 代码】

```
RoadsideCoordination ::= SEQUENCE {
    msgCnt MsgCount,
    id OCTET STRING (SIZE(8)),
    -- temperary RSU ID
    secMark DSecond,
    refPos Position3D,
    -- Reference position of this RSC message
    coordinates SEQUENCE (SIZE(1..16)) OF VehicleCoordination OPTIONAL,
    -- Coordination with single vehicle
    laneCoordinates SEQUENCE (SIZE(1..8)) OF LaneCoordination OPTIONAL,
    -- Lane or link level coordination
    ...
}
```

五、LTE-V2X 的 OBU、RSU 设备

1. OBU 设备

OBU 设备是安装于车载端的通信设备,通过车联网技术实现 V2X 通信。图 3-15 所示为中电海康智联公司满足 LTE-V2X 标准的 OBU 设备,其对外接口包括 2 个 LTE-V2X 天线接口,1 个 GNSS 天线接口,1 个 5G 天线接口,1 个 Wi-Fi 天线接口,1 个 RJ45 型网口,1 个

主线束接口，1 个 USB2.0 接口和 1 个自弹式 SD 卡槽。

图 3-15　中电海康智联公司的 OBU 设备

该设备通过 LTE/FDD/TDD/LAA/WCDMA 的移动蜂窝通信和 802.11a/b/g/ac 的 Wi-Fi 通信支持车联网通信，通过 1 路以太网、1 路 RS232、2 路 CAN、2 路 CAN FD 总线支持车内网通信。其主线束接口如图 3-16 所示，接口定义见表 3-8。

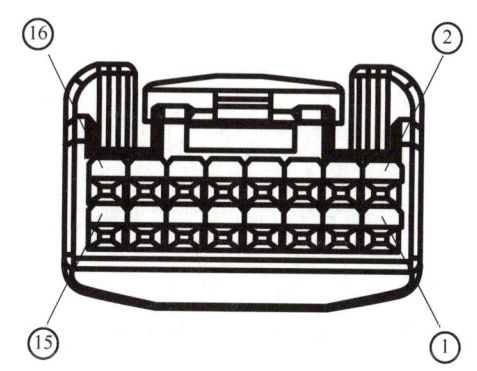

图 3-16　主线束接口

表 3-8　主线束接口定义

序号	定义	序号	定义	序号	定义	序号	定义
1	POWER-IN	5	CAN3_L	9	CAN4_H	13	RS232-TX5
2	POWER-IN	6	CAN4_L	10	CAN1_H	14	CAN2_L
3	GND	7	CAN3_H	11	RS235-RX5	15	ACC
4	GND	8	CAN1_L	12	GND	16	CAN2_H

OBU 设备应该安装在车内不妨碍驾驶的隐藏区域，做好防护措施；各天线安装在车顶信号接收良好的隐藏区域，通过线缆与 OBU 设备可靠连接；OBU 设备应插入具有数据服务的 SIM 卡才能有效工作。

OBU 设备上电，可以通过双色指示灯检查工作情况，绿色灯常亮、红色灯闪烁为正常状态。

也可以通过网线将设备网口与计算机网口连接，注意计算机端应设置与设备相同的网段，使用 ping 命令测试设备是否正常工作。

2. RSU 设备

RSU 设备是安装于道路侧的基础设备，是车载设备和路口所有设备的汇聚点，与 OBU 设备通过 LTE-V2X 标准进行信息交互。图 3-17 所示为中电海康智联公司满足 LTE-V2X 标准的 RSU 设备，其接口比 OBU 设备少，只有 2 个 LTE-V2X 天线接口、1 个 RJ45 型的 POE 网口。

随着 C-V2X 技术演进到第二阶段，海康智联等企业也推出了支持 NR-V2X 标准的 OBU 和 RSU 设备，它们虽然采用了不同的通信模组，但是对外接口形式类似，不再介绍。

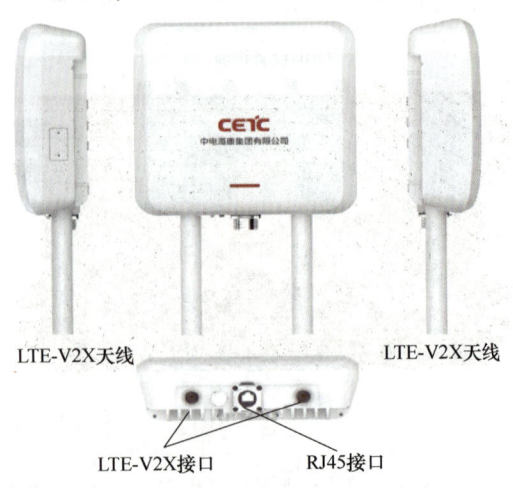

图 3-17 中电海康智联公司的 RSU 设备

【任务实施】

任务名称：LTE-V2X 组成认知与设备安装配置		
项目	任务实施内容	
任务目标	1. 理解 LTE-V2X 系统的组成与各部分功用 2. 掌握 LTE-V2X 系统的设备安装规程和配置规范 3. 培养团队合作精神和检索、运用技术资料的能力	
任务准备	实施要点	1. 更换实训服，摘掉首饰，长发挽起固定于脑后 2. 准备工具：联网计算机、LTE-V2X 系统设备、纸、笔、特殊工具 3. 严禁非专业人员或无教师在场的情况下私自对部件进行操作
	实施记录	是否完成：□是　□否 特殊工具清单：
任务计划	根据任务目标，制订任务实施计划	

序号	作业项目	实施要点
1		
2		
3		
4		
5		
6		
7		

（续）

项目		任务实施内容
LTE-V2X 设备检查	实施要点	1. 检查 LTE-V2X 设备是否齐全、外观是否正常 2. 检查配套的配件是否齐全、外观是否正常  LTE-V2X 设备装调 与信息传输
	实施记录	1. LTE-V2X 设备是否具有主机 1 个：□是　□否　编码：_____ 外观是否有损伤：□是　□否，如有，位置是_____ 2. LTE-V2X 设备是否具有短棒天线：□是　□否，有_____个
USB-RS232 设备检查	实施要点	1. 检查 USB-RS232 设备是否齐全 2. 检查外观是否正常
	实施记录	1. 是否具有 USB-RS232 设备 1 个：□是　□否 设备编码：_____ 2. 设备外观是否有损伤：□是　□否，如有，位置是_____
硬件安装 与连接	实施要点	1. 小心连接 LTE-V2X 设备与天线，并谨慎检查连接可靠性 2. 将用户的 SIM 卡（即电话卡）插入到 LTE-V2X 设备的 SIM 卡槽内 注意：由于国家政策原因，容易造成 SIM 卡被锁死，所以建议使用的 SIM 卡为不常用的 SIM 卡或容易找到营业厅解锁的。由于现在一般手机使用 nano 卡，而设备使用大卡，所以一般需要卡托 3. 小心将 LTE-V2X 设备通过 USB-RS232 通信线与计算机连接，并确认连线线序是否正确 4. 将 12V 电源适配器与 LTE-V2X 设备连接，并确保可靠连接
	实施记录	1. 连接 LTE-V2X 设备与天线 连接是否完成：□是　□否　　连接是否可靠：□是　□否 不能连接或连接不可靠原因：_____ 2. 将用户的 SIM 卡（即电话卡）插入到 LTE-V2X 设备的 SIM 卡槽 连接是否完成：□是　□否　　是否需要卡托：□是　□否 3. 将 LTE-V2X 设备通过 USB-RS232 通信线与计算机连接 连接是否完成：□是　□否　　连接是否可靠：□是　□否 不能连接或连接不可靠原因：_____ 4. 将 12V 电源适配器与 LTE-V2X 设备连接 是否可靠连接：□是　□否 不能可靠连接的原因：_____
USB-RS232 驱动安装	实施要点	1. 学会使用计算机的"设备管理器（M）"，并查看关键设备的驱动情况 2. 插入/拔出 USB-RS232 通信线与计算机的 USB 接口，查看"设备管理器（M）"内是否有变化 3. 查看是否有这个 LTE-V2X 设备，状态是"未知设备"，还是有名称 4. 如果是"未知设备"或有"感叹号"，则需要安装"USB 驱动" 5. 方法是在"设备管理器"内，找到该设备，然后自动搜索驱动，或浏览驱动文件夹查找驱动程序

(续)

项目		任务实施内容
USB-RS232 驱动安装	实施记录	1. "设备管理器"内，插拔 USB-RS232 时，内部设备列表是否有变化：□是　□否 无变化的原因分析：_____ 2. "设备管理器"内，USB-RS232 的设备名称是_____ 驱动是否正常安装：□是　□否 若不正常，原因是：_____ 3. 按照____的方法安装 USB-RS232 设备的 USB 驱动 　A. 自动搜索驱动程序　B. 浏览我的电脑以查找驱动程序 提示驱动是否安装成功：□是　□否 分析不能成功的原因，并尝试其他办法：_____
LTE-V2X 软件安装	实施要点	若为绿色软件，则将可执行文件发送到桌面快捷方式，便于使用
	实施记录	1. 在计算机上找到"LTE-V2X.exe"软件，该软件为绿色软件，可以直接双击打开 2. 软件是否能打开：□是　□否 3. 如果不能打开，则注意查看阻止的提示内容并处理
软件参数设定	实施要点	1. 串口号选择、通信波特率设定 2. 软件无法选择 LTE-V2X 所在端口的处理方法 3. 不能找到设备的处理方法
	实施记录	1. 软件是否能找到 LTE-V2X 设备所在端口：□是　□否 备注：不能找到 LTE-V2X 时，请查看驱动安装情况，以及 USB 线连接情况 2. 端口号选择为：_____ 3. "波特率"为：_____
测试连接情况	实施要点	能实现 LTE-V2X 设备与计算机的通信连接
	实施记录	1. 单击"LTE-V2X.exe"软件上的"进入配置状态"按钮，看是否可以进入：□是　□否 2. 继续单击"获取当前参数"按钮，看是否可以获取：□是　□否 注意：若不能"进入配置状态"，或不能"获取当前参数"，则检查以下几点：①查看 LTE-V2X 设备上的 POWER 灯是否有点亮，如果点亮则进行下一步；如果没有点亮则检查供电（电源开关、电源电压、电源极性等）；②检查 USB-232 设备与 LTE-V2X 设备的连接情况（即 GND、TXD、RXT 的连接是否正确），和 USB-232 设备的好坏（选取通用的串口通信工具，短接设备 TXD 和 RXD，并发送数据，查看是否接收到相同数据）

任务名称：LTE-V2X 信息传递		
项目		任务实施内容
任务目标		1. 理解 LTE-V2X 信息传递机制 2. 掌握 LTE-V2X 系统连接与通信测试的方法 3. 培养团队合作精神和检索、运用技术资料的能力
任务准备	实施要点	1. 更换实训服，摘掉首饰，长发挽起固定于脑后 2. 准备工具：联网计算机、LTE-V2X 系统设备、纸、笔、特殊工具 3. 严禁非专业人员或无教师在场的情况下私自对部件进行操作
	实施记录	是否完成：□是　□否 特殊工具清单：_____

(续)

项目	任务实施内容		
任务计划	根据任务目标，制订任务实施计划		
	序号	作业项目	实施要点
	1		
	2		
	3		
	4		
	5		
准备工作	实施要点	1. 检查 LTE-V2X 设备、配套设备是否齐全，外观是否正常 2. 将 SIM 卡插入 LTE-V2X 设备；然后将 12V 电源、USB-RS232 线缆接入 LTE-V2X 设备	
	实施记录	1. LTE-V2X 设备是否具有主机 1 个：□是　□否　编码：_____ 外观是否有损伤：□是　□否，如有，位置是_____ 2. LTE-V2X 设备是否具有短棒天线：□是　□否，有_____个	
服务器端平台搭建	实施要点	1. 购买云服务器（如"阿里云"，原因是学校网络内的计算机，一般无法被互联网端的其他设备所直接访问，所以就需要使用能被外网访问的，具有互联网 IP 地址的计算机） 2. 对云服务器的信息进行获取和软件安装，含：①服务器"外网"IP 地址；②云服务器的计算机安装"TCP/UDP 测试工具" 3. 打开云服务器内的"TCP/UDP 测试工具"，并选择"服务器模式"，然后单击"创建服务器"（请选择 TCP 服务器，或默认），并设置端口号，如设置为"4001"，然后单击"确定"创建服务器；然后单击"启动服务器" 4. 等待"客户端"连接服务器（客户端即 LTE-V2X 通信设备）	
	实施记录	1. 是否能下载测试工具：□是　□否 设备编码：_____ 2. 是否能打开测试工具：□是　□否 3. 是否能使用测试工具：□是　□否，如不能使用，问题是_____	
软件打开与参数设定	实施要点	1. 打开 LTE-V2X.exe 并连接 LTE-V2X 的 USB 接口 2. 查看端口号是否与设备管理器内的"串口"名相同，并修改波特率为 115200：①单击"打开串口"；②再单击"进入配置状态"；③单击"连接服务器 A"；④修改"服务器 A"地址；⑤填写"端口号"（即刚才在云服务器上软件内设置的：4001）；⑥选择连接类型"TCPC"；⑦单击"保存所有参数"；⑧单击"模块重启"（此时 WORK.NET 灯闪烁后熄灭，表示重启成功）	
	实施记录	1. 是否能打开 LTE-V2X.exe 文件：□是　□否 不能打开的原因：_____ 2. 是否能够使用 LTE-V2X.exe 文件进行配置：□是　□否 不能原因：_____ 3. 是否重启成功：□是　□否 不能原因：_____	

(续)

项目		任务实施内容
客户端与服务器连接	实施要点	打开云服务器,观察服务器模式下有没有接入的客户端
	实施记录	客户端与云服务器端是否有连接:□是 □否 无连接原因:_____
数据通信测试	实施要点	1. 在客户端内的右下角输入"123456"后单击发送,观察云服务器这边有没有数据输入且为"123456" 2. 在云服务器端发送区输入"123456",观察客户端有没有数据接收且为"123456"
	实施记录	1. 云服务器端是否收到客户端发送数据:□是 □否 没有数据的原因:_____ 2. 客户端是否收到云服务器端发送数据:□是 □否 没有数据的原因:_____

注:1. 在连接云服务器时要找到云服务器的公网 IP 和端口号,在客户端输入时一定要确保输入的公网 IP 和端口号正确。
2. 云服务器在使用过程中会有弹窗,此弹窗属于正常情况,给予权限即可。

【质量评价】

任务总结	LTE-V2X 技术认知与通信的任务总结: 工作实施情况反思:

（续）

评价项目		评价标准	自评价	小组评价	教师评价	总体评价
质量评价	知识目标	在任务实施过程中，对学员关于LTE-V2X的通信方式、网络架构、接口协议等方面的知识的掌握程度，进行优、良、中、差评价				
	能力目标	在任务实施过程中，根据学员是否能通过合理使用通用工具和专用仪器，查阅技术文件并进行设备实操，了解LTE-V2X系统的安装、配置和通信测试，进行优、良、中、差评价				
	素养目标	在任务实施过程中，根据学员表现出的团队协作能力、科学探究精神和工匠精神，进行优、良、中、差评价				

【回顾思考】

一、填空题

1. C-V2X 定义了两种通信方式，分别是_____方式和_____方式。

2. LTE 的英文是_____，含义是_____。

3. 3GPP TR22.185 标准定义了 LTE-V2X 支持 4 类 V2X 通信，分别是_____、_____、_____和_____。

4. 随着车联网技术与产业的发展，车联网的内涵从交通管理延伸到智能网联汽车和智能交通体系，包括_____、_____和_____ 3 个体系架构。

二、选择题

1. 以下哪种不是 Uu 接口的特点？（   ）

A. 网络覆盖范围大　　　　　　　　B. 工作频段为 ITS 频段

C. 长距离通信　　　　　　　　　　D. 通信时延低

2. 以下哪种不是 PC5 接口的特点？（   ）

A. 端到端低时延

B. 端到端高可靠性

C. 端到端大范围

D. 蜂窝网络覆盖外的车-车/车-路通信

3. LTE-V2X 中，人、车、路等用户终端为 UE，UE 与 UE 间的通信采用（   ）接口。

A. Uu　　　　　B. PC5　　　　　C. C-V2X　　　　　D. Wi-Fi

4. 以下哪个不是《合作式智能运输系统 车用通信系统应用层及应用数据交互标准（第二阶段）》（T/CSAE 157—2020）定义的消息帧类型？（   ）

A. 基本安全消息　　　　　　　　　B. 地图消息

C. 路侧安全消息　　　　　　　　　D. 车辆状态消息

三、判断题

1. LTE-V2X 中，Uu 方式的无线接口协议栈沿用 LTE 蜂窝网络中终端和接入网之间的接口。（　　）
2. LTE-V2X PC5 接口协议栈分为接入层、网络层和应用层，PHY 子层位于协议栈最底层。（　　）
3. LTE-V2X 网络层支持 IP/非 IP 方式承载，同时支持 IPv6 和 IPv4。（　　）
4. LTE-V2X 的系统帧周期为 1024ms，由 1024 个无线帧组成。（　　）
5. OBU 设备必须有 CAN 接口，用于车内网通信。（　　）
6. LTE-V2X 可以支持 4G 和 5G 移动通信。（　　）

四、简答题

1. 简述哪些应用场景同时需要 Uu 接口和 PC5 接口支持，为什么？
2. LTE-V2X 网络架构新增接口共有几个？功能是什么？
3. 绘制 LET-V2X PC5 控制平面协议栈框图，简述各层功能。
4. 绘制 LET-V2X PC5 用户平面协议栈框图，简述各层功能。

任务 3　NR-V2X 技术应用

【情景导入】

2021 年 3 月 17 日，我国工业和信息化部、交通运输部、国家标准化管理委员会联合印发《国家车联网产业标准体系建设指南（智能交通相关）》，推进先进技术在智能交通领域的应用，促进自动驾驶和车路协同技术应用和产业健康发展。

【任务目标】

知识目标：

1. 了解 NR-V2X 通信方式和网络架构。
2. 了解 NR-V2X 无线接口协议。
3. 了解 NR-V2X 数据帧。

能力目标：

1. 合理使用专用设备装调 NR-V2X 系统设备，并通过专用程序进行配置。
2. 使用技术文件，根据典型 V2X 场景的要求，采集、分析 NR-V2X 报文。
3. 具备《车联网集成应用》职业技能等级标准中的车端、路端工作领域系统集成应用的相关能力。

素养目标：

1. 培养团队协作的能力。
2. 培养科学探究精神和严谨的工匠精神。
3. 培养爱国主义情怀和民族自信。

项目3 车联网通信关键技术

【知识准备】

一、NR-V2X 的背景与发展

C-V2X 的第一阶段 LTE-V2X 研究和标准化工作（R14、R15）于 2018 年结束。随着智能网联汽车的发展，仅支持基本安全业务的 LTE-V2X 标准不能满足以自动驾驶为代表的车联网增强应用的需求。以车辆编队行驶、高级驾驶、传感器扩展和远程驾驶为代表的 4 类车联网增强应用和相关的通信需求，需要在直通链路上提供更可靠、更低时延以及更高数据速率的车联网通信服务，最小端到端时延要求为 3ms，可靠性最高 99.999%，直通链路数据速率需要支持最大为 1Gbit/s 的通信需求，这些对 C-V2X 技术提出了更严苛的需求。

3GPP R15 标准提出了基于 5G 标准的新空口（New Radio，NR）概念。作为全新的无线传输技术，NR 不需要考虑与 LTE 后向兼容的问题，提供了更灵活的无线空口设计，支持更宽广的业务需求。

从 2018 年 3 月开始，3GPP 组织启动 C-V2X 第二阶段的研究和标准化工作（R16、R17），即 NR-V2X 技术，见表 3-9。

表 3-9 3GPP 的 NR-V2X 标准化进展

标准阶段	起止时间	项目名称	标准化内容	主要输出
R16	2018 年 3 月至 2018 年 6 月	Study on Improvement of V2X Services Handling（FS_V2X IMP）	支持自动驾驶、编队行驶等 QoS 属性应用，补充 SAE 等其他标准组织对自动驾驶等级的定义等	TR 22.886
	2018 年 6 月至 2019 年 3 月	Study on NR Vehicle-to-Everything（FS_NR_V2X）	研究基于 5G NR 的 V2X 通信机制可行性	TR 38.885
	2018 年 10 月至 2018 年 12 月	Improvement of V2X Services Handling（V2XIMP）	根据更新的 TR 22.886 更新对应需求	TR 36.885
	2019 年 3 月至 2020 年 6 月	Core Part：5G V2X with NR Sidelink（5G_V2X_NRSL-Core）	研究基于 5G NR 的 V2X 通信机制	TR 38 系列 R16 版本
R17	2019 年 12 月至 2022 年 6 月	Core Part：NR Sidelink Enhancement（NR_SL_enh-Core）	研究 VRU 增强机制，如节电机制、节点间协调等	TR 38 系列 R17 版本

R16 于 2020 年 6 月完成标准化工作。为了支持直通链路上严苛的通信需求，R16 在直通链路引入了高阶调制（最高可以是 256QAM）和空间复用的多天线传输机制（最大支持 2 层空间复用）来支持更高的传输速率，引入了 HARQ 反馈机制来提高传输可靠性，研究了 NR-V2X 分布式资源分配机制，降低资源冲突，更好地适用于车联网增强应用中非周期业务的需求。

R17 继续研究 NR-V2X 的增强机制，例如为了支持弱势道路参与者的应用场景，研究了终端节电机制、节省功耗的资源选择机制，同时研究终端之间的资源协调机制以提高直通链路的可靠性、降低传输时延。

为了保障车联网技术和产业的有序发展，在 NR-V2X 的研究和标准化过程中，包括了与 LTE-V2X 共存的设计，同时强调了 LTE-V2X 和 NR-V2X 之间是互相补充的关系，而不是替代关系。LTE-V2X 用于 V2X 基本道路安全业务，而 NR-V2X 主要面向增强的 V2X 业务。

二、NR-V2X 的通信方式和网络架构

1. NR-V2X 的通信方式

NR-V2X 的通信方式也包括蜂窝通信方式和直通通信方式，接口称为 NR Uu 和 NR PC5。从蜂窝覆盖范围看，NR-V2X 部署场景同样包括蜂窝网络覆盖内、蜂窝网络覆盖外和蜂窝网络部分覆盖 3 个场景。

从 C-V2X 技术演进的实际部署过程看，LTE-V2X 和 NR-V2X 至少在一段时间内会同时存在，必须考虑 NR Uu 或 LTE Uu 能够控制 NR-V2X 直通通信，而 NR Uu 或 LTE Uu 也能够控制 LTE-V2X 直通通信。

2. NR-V2X 的网络架构

NR-V2X 可以工作在 4G 和 5G 网络覆盖内，因此其网络架构如图 3-18 所示，能够灵活支持两种覆盖情况。NR-N2X 参考接口说明见表 3-10。

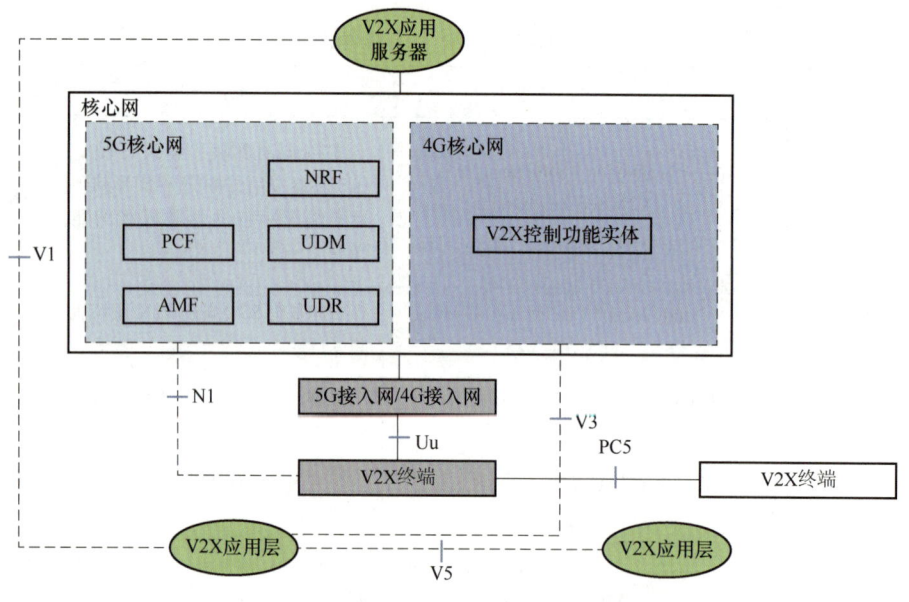

图 3-18　NR-V2X 网络架构

表 3-10　NR-V2X 参考接口说明

参考接口	功能
V1	终端 V2X 应用与 V2X 应用服务器之间的接口
V3	4G 网络中，终端 V2X 应用与 V2X 控制功能（VCF）实体之间的接口
V5	不同终端 V2X 应用之间的接口
N1	5G 网络中，从接入和移动性管理功能（Access and Mobility Management Function，AMF）到 V2X 终端之间的接口

1）V2X 应用服务器：位于蜂窝网之外的 V2X 管理实体，提供对全局 V2X 通信（包括 PC5 和 Uu）的策略和参数进行管理的功能，以及对 V2X 终端的签约信息和鉴权信息进行管理的功能。

2）5G 核心网（5GC）：与 V2X 应用服务器连接，为蜂窝覆盖内的 V2X 终端提供对 V2X 通信的策略和参数配置，及签约信息和鉴权信息进行管理的功能。与 4G 核心网不同，5G 核心网采用了服务化架构，各个网络功能可以独立演进和扩展，3GPP 在 NR-V2X 中将 4G 核心网中的 V2X 控制功能（VCF）放在 5G 核心网的策略控制功能（Policy Control Function，PCF）中，并相应地对 5G 核心网的功能实体进行了扩展：

① 统一数据存储库（Unified Data Repository，UDR）功能扩展，用于存储 V2X 通信所有参数配置的数据库，可以根据 V2X 应用服务器的数据进行更新。

② 统一数据管理（Unified Data Management，UDM）功能扩展，用于 V2X 终端 PC5 接口通信的签约信息管理。

③ 策略控制功能（PCF）扩展，用于 V2X 终端的鉴权信息管理，以及 V2X 通信（PC5 和 Uu）的策略和参数管理，其中 PCF 通过 UDR 实现参数更新。

④ 接入和移动性管理功能（AMF）扩展，一方面，根据 PCF 提供的 V2X 配置信息给终端提供 PC5 接口通信的策略和参数配置信息；另一方面，根据 PCF 和 UDM 提供的信息，管理终端 PC5 接口签约和授权状态的上下文信息。

⑤ 网络存储库功能（Network Repository Function，NRF）扩展，主要根据 V2X 终端能力上报信息，选择和发现对应的 PCF 配置。

3）4G 核心网：与 V2X 应用服务器连接，通过 V2X 控制功能（VCF）实体为蜂窝覆盖内的 V2X 终端提供 V2X 通信的策略和参数配置，以及签约信息和鉴权信息的管理。

4）V2X 终端：根据获取的 V2X 通信（PC5 和 Uu）的策略和参数配置信息，在 PC5 或者 Uu 接口上进行 V2X 通信。

三、NR-V2X 的无线接口协议

下面以 PC5 协议栈为例介绍 NR-V2X 无线接口协议。NR-V2X PC5 支持直通链路上的单播、广播和多播等通信模式，协议栈与 NR Uu 协议栈复用。

1. NR-V2X PC5 接口的用户面协议栈

图 3-19 所示为 NR-V2X PC5 接口的用户面协议栈结构，用于承载 V2X 应用数据。

1）V2X 网络层支持 IP/非 IP 方式承载。对于非 IP 传输，定义了 V2X 消息族（V2X Message Family）字段，从而支持全球不同区域的 V2X 协议栈。对于 IP 传输，只支持 IPv6，不支持 IPv4。

2）业务数据适配协议（Service Data Adaptation Protocol，SDAP）实现 V2X 业务的 PC5 QoS 流到直通链路无线承载的映射。

3）PDCP 层复用现 Uu 接口设计，实现 V2X 数据包或者信令的包头压缩、加密和完整性保护。

4）RLC 层复用现 Uu 接口设计，实现数据的分段和重传功能。

5）MAC 层复用现 Uu 接口设计，除了实现逻辑信道复用、混合自动重传请求（HARQ）和调度等相关功能外，还新增了 PC5 资源选择、数据包过滤、上行传输和直通

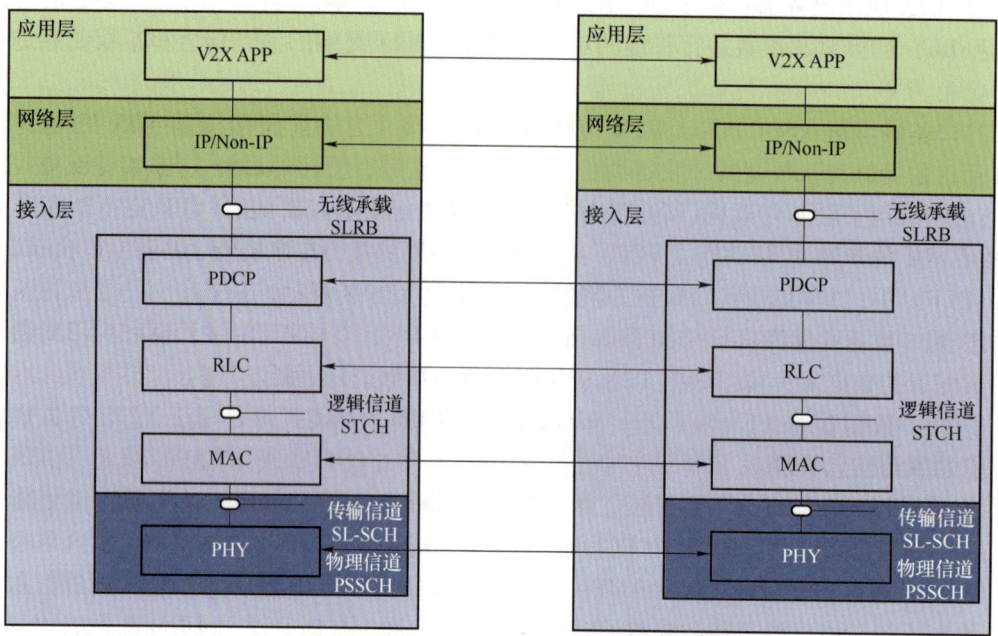

图 3-19 NR-V2X PC5 接口的用户面协议栈结构

链路传输之间的优先级处理以及直通链路信道状态信息（Channel State Information，CSI）上报功能。

6）PHY 层负责直通链路物理信道的处理，物理层以传输信道形式为 MAC 层提供服务。

2. NR-V2X PC5 接口的控制面协议栈

图 3-20 所示为 NR-V2X PC5 接口的控制面协议栈结构，包括非接入层（Non-Access Stratum，NAS）的控制面协议栈（PC5 Signaling Protocol Stack，PC5-S）和接入层控制面协议栈（PC5 Control Plane Protocol Stack，PC5-C）。

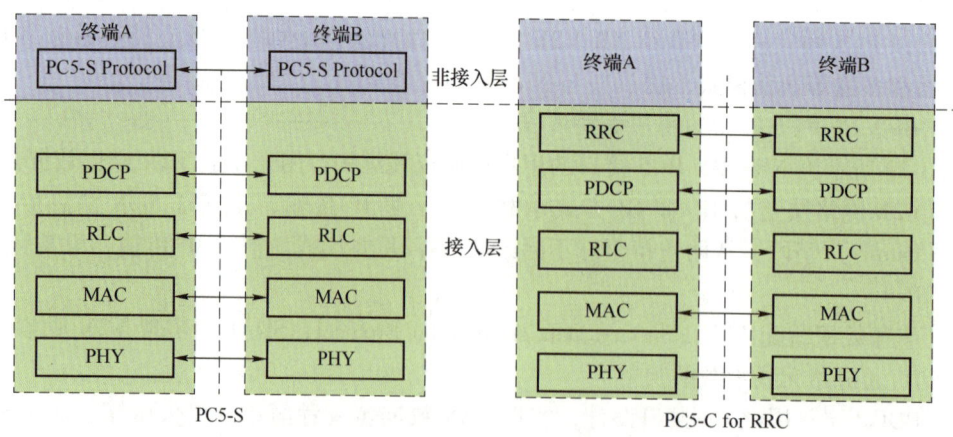

图 3-20 NR-V2X PC5 接口的控制面协议栈结构

PC5-S 用于非接入层信令交互，主要用于 PC5 单播的管理和控制。PC5-C 用于接入层的无线资源控制（Radio Resource Control，RRC）层交互，并且 NR-V2X PC5 控制面的协议栈

项目 3　车联网通信关键技术

仅用于单播通信情况。V2X PC5 接口中对 RRC 层大量简化，仅提供 V2X 终端之间的 PC5-RRC 信令交互、PC5-RRC 连接维护和释放、PC5-RRC 连接无线链路的失败检测等功能。

【任务实施】

项目	任务名称：NR-V2X 组成认知与设备安装配置	
	任务实施内容	
任务目标	1. 以 FW80-5G 设备装调配置为例，理解 NR-V2X 系统组成与各部分功用 2. 掌握 NR-V2X 系统的设备安装规程和配置规范 3. 培养团队合作精神和检索、运用技术资料的能力	
任务准备	实施要点	1. 更换实训服，摘掉首饰，长发挽起固定于脑后 2. 准备工具：联网计算机、NR-V2X 系统设备、纸、笔、特殊工具 3. 严禁非专业人员或无教师在场的情况下私自对部件进行操作
	实施记录	是否完成：□是　□否 特殊工具清单：
任务计划	根据任务目标，制订任务实施计划	
	序号 | 作业项目 | 实施要点	

序号	作业项目	实施要点
1		
2		
3		
4		
5		
6		
7		

FW80-5G 设备检查	实施要点	1. 检查 FW80-5G 设备是否齐全、外观是否正常 2. 检查配套的配件是否齐全、外观是否正常
	实施记录	1. FW80-5G 设备是否具有主机 1 个：□是　□否　编码：_____ 外观是否有损伤：□是　□否，如有，位置是_____ 2. FW80-5G 设备是否具有短棒天线 1 条：□是　□否
USB-RS232 设备检查	实施要点	1. 检查 USB-RS232 设备是否齐全 2. 检查外观是否正常
	实施记录	1. 是否具有 USB-RS232 设备 1 个：□是　□否 设备编码：_____ 2. 设备外观是否有损伤：□是　□否，如有，位置是_____

NR-V2X 设备装调与信息传输

103

（续）

项目		任务实施内容
硬件安装与连接	实施要点	1. 小心连接 FW80-5G 设备与天线，并谨慎检查连接可靠性 2. 将用户的 SIM 卡（即电话卡）插入到 FW80-5G 设备的 SIM 卡槽内 注意：①由于国家政策原因，容易造成 SIM 卡被锁死，所以建议使用的 SIM 卡为不常用的 SIM 卡或容易找到营业厅解锁的。由于现在一般手机使用 nano 卡，而设备使用大卡，所以一般需要卡托；②将配套天线连接上去 3. 小心将 FW80-5G 设备通过 USB-RS232 通信线与计算机连接，并确认连线的线序是否正确 4. 将 12V 电源适配器与 FW80-5G 设备连接，并确保可靠连接
	实施记录	1. 连接 FW80-5G 设备与天线 连接是否完成：□是　□否　　连接是否可靠：□是　□否 不能连接或连接不可靠原因：_____ 2. 将用户的 SIM 卡（即电话卡）插入到 FW80-5G 设备的 SIM 卡槽 连接是否完成：□是　□否　　是否需要卡托：□是　□否 3. 将 FW80-5G 设备通过 USB-RS232 通信线与计算机连接 连接是否完成：□是　□否　　连接是否可靠：□是　□否 不能连接或连接不可靠原因：_____ 4. 将 12V 电源适配器与 FW80-5G 设备连接 是否可靠连接：□是　□否 不能可靠连接的原因：_____
USB-RS232 驱动安装	实施要点	1. 学会使用计算机的"设备管理器（M）"，并查看关键设备 2. 插入/拔出 USB-RS232 通信线与计算机的 USB 接口，查看"设备管理器（M）"内的设备数量是否有变化 3. 查看是否有这个 FW80-5G 设备，状态是"未知设备"，还是有名称 4. 如果是"未知设备"或有"感叹号"，则需要安装"USB 驱动" 5. 方法是在"设备管理器"内找到该设备，然后自动搜索驱动，或浏览驱动文件夹查找驱动程序
	实施记录	1. "设备管理器"内，插拔 USB-RS232 时，内部设备列表，是否有变化：□是　□否 无变化的原因分析：_____ 2. "设备管理器"内，USB-RS232 的设备名称是 _____ 驱动是否正常安装：□是　□否 若不正常，原因是：_____ 3. 按照_____安装 USB-RS232 设备的 USB 驱动 A. 自动搜索驱动程序　B. 浏览我的电脑以查找驱动程序 提示驱动是否安装成功：□是　□否 分析不能成功的原因，并尝试其他办法：_____
FW80-5G 网关 IP 地址进入	实施要点	在连接网关前可以用 ping 命令检查网关 IP 地址（方法：①按"Win+R"键；②输入"CMD"；③输入"ping+空格+网关 IP 地址"），出现连接超时就要检查物理连接是否正常
	实施记录	1. 打开浏览器，在浏览器的地址栏输入 FW80-5G 模块的网关 IP 地址，并输入用户名和密码（网关 IP 地址、用户名和密码请在 5G 模块的外壳上查找） 2. 网关 IP 地址是否能打开：□是　□否 3. 如果不能打开，则注意查看网页的提示内容并处理

（续）

项目		任务实施内容
网关设置	实施要点	1. 在主界面中选择"高级设置" 2. 在"高级设置"中，当前状态中不能出现"未知或不可测" 3. WAN 状态也不能是"0.0.0.0"的格式 4. 选择"系统服务"中的"串口服务 1"，并勾选"启用" 5. 选择"透传模式" 6. 打开客户端模式，输入云客户端服务器 IP 与端口号，并选择"TCP" 7. 波特率改为 115200bit/s 8. 缓存策略选择"无策略"
	实施记录	1. 是否出现"未知或不可测"：□是　□否 2. 是否出现"0.0.0.0"：□是　□否 3. 端口号选择：＿＿＿＿＿＿＿＿（根据实际情况选择） 4. "波特率"：＿＿＿＿＿＿＿＿
测试连接情况	实施要点	能实现 FW80-5G 设备与计算机的通信连接
	实施记录	1. 单击串口调试软件上的开始按钮，看是否有异常：□是　□否 2. 输入一段数字或者字符，单击发送，云服务器是否有数据接收：□是　□否 注意：请下载一个串口调试助手软件，并通过 USB-232 转接线，将 5G 模块与调试助手软件连接。在调试助手软件的串口号中选择 USB-232 对应的串口号，波特率也是之前设置的 115200bit/s，在发送窗口中输入字符或者数字，并单击发送，观察云服务主机上有没有相同的字符或者数字输入

任务名称：NR-V2X 信息传递

项目		任务实施内容
任务目标		1. 以 FW80-5G 设备装调配置为例，理解 NR-V2X 信息传递机制 2. 掌握 NR-V2X 系统连接与通信测试的方法 3. 培养团队合作精神和检索、运用技术资料的能力
任务准备	实施要点	1. 更换实训服，摘掉首饰，长发挽起固定于脑后 2. 准备工具：联网计算机、NR-V2X 系统设备、纸、笔、特殊工具 3. 严禁非专业人员或无教师在场的情况下私自对部件进行操作
	实施记录	是否完成：□是　□否 特殊工具清单：＿＿＿＿＿＿＿＿
任务计划	根据任务目标，制订任务实施计划	

序号	作业项目	实施要点
1		
2		
3		
4		
5		

(续)

项目		任务实施内容
准备工作	实施要点	1. 检查 FW80-5G 设备、配套设备是否齐全，外观是否正常 2. 将 SIM 卡插入 FW80-5G 设备；然后将 12V 电源、USB-RS232 通信线接入 FW80-5G 设备
	实施记录	1. FW80-5G 设备是否具有主机 1 个：□是　□否　编码：_____ 外观是否有损伤：□是　□否，如有，位置是_____ 2. FW80-5G 设备是否具有短棒天线 4 条：□是　□否 注意：①可能该设备已经安装于主机上；②连接成功时 LAN1 指示灯亮，Link 指示灯闪烁，SYS 指示灯闪烁
服务器端平台搭建	实施要点	1. 购买云服务器（如"阿里云"，原因是学校网络内的计算机，一般无法被互联网端的其他设备直接访问，所以就需要使用能被外网访问的，具有互联网 IP 地址的计算机） 2. 对云服务器的信息进行获取和软件安装，含：①服务器"外网"IP 地址；②云服务器的计算机安装"TCP/UDP 测试工具" 3. 打开云服务器内的"TCP/UDP 测试工具"，并选择"服务器模式"，然后单击"创建服务器"（请选择 TCP 服务器，或默认），并设置端口号，如设置为"4001"，然后单击"确定"创建服务器；然后单击"启动服务器" 4. 等待"客户端"连接服务器（客户端即 FW80-5G 通信设备）
	实施记录	1. 是否能下载测试工具：□是　□否 设备编码：_____ 2. 是否能打开测试工具：□是　□否 3. 是否能使用测试工具：□是　□否，如不能使用，问题是_____
FW80-5G 参数设定	实施要点	1. 打开浏览器，在浏览器的地址栏输入 FW80-5G 模块的网关 IP 地址，并输入用户名和密码（网关 IP 地址、用户名和密码请在 5G 模块的外壳上查找） 2. 在主界面中选择"高级设置" 3. 在"高级设置"中，当前状态不能出现"未知或不可测" 4. WAN 状态也不能是"0.0.0.0"的格式 5. 选择"系统服务"中的"串口服务 1"，并勾选"启用" 6. 选择"透传模式" 7. 打开"客户端模式" 8. 输入云客户端服务器 IP 与端口号，并选择"TCP" 9. 波特率改为 115200bit/s 10. 缓存策略选择"无策略" 11. 使用串口调试助手软件连接 FW80-5G
	实施记录	1. 是否能进入网关 IP 地址：□是　□否 不能的原因：_____ 2. 是否出现"未知或不可测"：□是　□否 出现的原因：_____ 3. 是否出现"0.0.0.0"：□是　□否 出现的原因：_____

项目3　车联网通信关键技术

（续）

项目		任务实施内容
客户端与云服务器连接	实施要点	打开云服务器，观察 TCP/IP 测试软件在服务器模式下有没有接入的客户端
	实施记录	客户端与云服务器端是否连接成功：□是　　□否 没有连接成功的原因：
数据通信测试	实施要点	1. 在客户端串口调试助手软件的数据发送窗口中，输入"123456"并单击发送，观察云服务器端的 TCP/IP 测试软件内，数据接收窗口中有没有相同数据输入 2. 在云服务器端发送区输入"123456"，观察客户端有没有数据接收且为"123456"
	实施记录	1. 云服务器端是否收到客户端发送的数据：□是　　□否 没有数据的原因： 2. 客户端是否收到云服务器端发送的数据：□是　　□否 没有数据的原因：

注：1. 在连接云服务器时，要查找到云服务器的公网 IP 和端口号；在对客户端做配置时，一定要确保输入的服务器端公网 IP 和端口号正确。
　　2. 云服务器在使用过程中会有弹窗，此弹窗属于正常情况，给予权限即可。

【质量评价】

任务总结	NR-V2X 技术认知与通信的任务总结： 工作实施情况反思：

（续）

评价项目		评价标准	自评价	小组评价	教师评价	总体评价
质量评价	知识目标	在任务实施过程中，对学员关于NR-V2X的通信方式、网络架构、接口协议等方面的知识的掌握程度，进行优、良、中、差评价				
	能力目标	在任务实施过程中，根据学员是否能通过合理使用通用工具和专用仪器，查阅技术文件并进行设备实操，了解NR-V2X系统的安装、配置和通信测试，进行优、良、中、差评价				
	素养目标	在任务实施过程中，根据学员表现出的团队协作能力、科学探究精神和工匠精神，进行优、良、中、差评价				

【回顾思考】

一、填空题

1. NR-V2X 名称中，NR 的英文是_____，含义是_____。

2. 车联网增强应用的典型内容是_____、_____、_____和远程驾驶4种。

3. NR-V2X 的通信方式包括_____和_____，接口称为 NR Uu 和 NR PC5。

二、选择题

1. NR-V2X 直通链路的通信需求，最小端到端时延为（　　）。

　　A. 2ms　　　　　B. 3ms　　　　　C. 4ms　　　　　D. 5ms

2. NR-V2X 直通链路的通信需求，最大通信速度为（　　）。

　　A. 10Mbit/s　　　B. 100Mbit/s　　C. 1000Mbit/s　　D. 10000Mbit/s

3. 以下哪个不是3GPP R17 标准的研究内容？（　　）

　　A. 研究自动驾驶、编队行驶等 QoS 应用

　　B. 研究基于 5G NR 的 V2X 通信机制

　　C. 研究节点间协调机制、节电机制

　　D. 研究基于 5G NR 的 V2X 通信可行性

4. 以下哪个不是《合作式智能运输系统 车用通信系统应用层及应用数据交互标准（第二阶段）》（T/CSAE 157—2020）定义的消息帧类型？（　　）

　　A. 基本安全消息　　　　　　　　B. 地图消息

　　C. 路侧安全消息　　　　　　　　D. 车辆状态消息

三、判断题

1. NR-V2X 指工作在 5G 移动通信网络中的 V2X 标准。（　　）

2. LTE Uu 不能控制 NR-V2X 直通通信。（　　）

3. NR-V2X 是 LTE-V2X 的升级，未来会替代 LTE-V2X。　　　　　　（　　）
4. NR-V2X R17 标准研究了支持弱势道路参与者的应用场景。　　　（　　）
5. NR-V2X PC5 支持直通链路上的单播、广播和多播等通信模式。　（　　）

四、简答题

1. 简述 NR-V2X 与 LTE-V2X 应用场景的区别是什么。
2. 简述 NR-V2X 与 LTE-V2X 的关系是什么。
3. 绘制 NR-V2X PC5 控制平面协议栈框图，简述各层功能。
4. 绘制 NR-V2X PC5 用户平面协议栈框图，简述各层功能。

项目 4
车联网关键场景应用

任务 1　V2V 场景应用

【情景导入】

2022 年 6 月，第六届世界智能驾驶挑战赛（World Intelligent Driving Challenge，WIDC）在天津举行（图 4-1）。该赛事是全球顶级智能汽车比赛，第六届比赛首次加入车-车（V2V）通信、车联网网络虚拟靶场等多个创新，实现了车用通信应用场景的阶段式跨越，从单车智能和网联智能逐步向协作式智能网联方向发展，比赛通过释放大量智能驾驶新观点、新成果，助力中国汽车产业抢先建立智能网联汽车领域的竞争优势。

图 4-1　2022 年 6 月第六届世界智能驾驶挑战赛

项目 4　车联网关键场景应用

【任务目标】

知识目标：
1. 了解 3GPP 和中国的车联网场景的标准化概况。
2. 理解典型 V2V 应用场景的标准。

能力目标：
1. 掌握 V2V 数据帧读取方法，能解析典型 V2V 报文。
2. 具备查阅技术文件，配置、传递 V2V 数据帧，实现典型 V2V 应用场景的能力。
3. 具备《智能汽车大数据管理与应用》职业技能等级标准中的车端、路端工作领域系统集成应用的相关能力。

素养目标：
1. 培养团队协作的能力。
2. 培养科学探究精神和严谨的工匠精神。

【知识准备】

一、车联网应用场景的标准化

交通系统包含人、车、路和环境等要素，需要高效协同才能实现安全、高效、低碳的交通行为。车联网提供了车辆与周围的车、人、交通基础设备和网络等的通信连接和信息交互，在各交通场景承担重要角色。

3GPP 标准组织的 R14 TR22.885 定义了道路安全类、交通效率类、信息服务类 3 类共 27 个基本应用场景。随着汽车自动驾驶从辅助驾驶向无人驾驶演进，3GPP 标准组织的 R15 TR22.886 又定义了车辆编队行驶、高级驾驶、传感器扩展和远程驾驶 4 类共 25 个车联网增强应用场景。这些应用场景按照车辆与不同类型的通信对象分类，可以分为 V2V（Vehicle to Vehicle）、V2I（Vehicle to Infrastructure）、V2N（Vehicle to Network）和 V2P（Vehicle to Person）4 类。

中国汽车工程学会充分考虑中国交通环境和产业需求，先后发布了若干应用场景的标准。其中，《合作式智能运输系统 车用通信系统应用层及应用数据交互标准（第一阶段）》（T/CSAE 53—2017）定义了安全、效率、信息服务 3 类共 17 个典型应用场景，《合作式智能运输系统 车用通信系统应用层及应用数据交互标准（第二阶段）》（T/CSAE 157—2020）定义了面向协同控制的 12 个应用场景，《基于车路协同的高等级自动驾驶数据交互内容》（T/CSAE 158—2020）定义了面向车路协同高等级自动驾驶的 8 个应用场景，见表 4-1。

表 4-1　中国汽车工程学会相关标准定义的车联网典型应用场景

标准	序号	类别	通信模式	应用场景名称
第一阶段	1	安全	V2V	前向碰撞预警
	2		V2V/V2I	交叉路口碰撞预警
	3		V2V/V2I	左转辅助

111

(续)

标准	序号	类别	通信模式	应用场景名称
第一阶段	4	安全	V2V	盲区预警/变道预警
	5		V2V	逆向超车预警
	6		V2V-Event	紧急制动预警
	7		V2V-Event	异常车辆提醒
	8		V2V-Event	车辆失控预警
	9		V2I	道路危险状况提示
	10		V2I	限速预警
	11		V2I	闯红灯预警
	12		V2P/V2I	弱势交通参与者碰撞预警
	13	效率	V2I	绿波车速引导
	14		V2I	车内标牌
	15		V2I	前方拥堵提醒
	16		V2V	紧急车辆提醒
	17	信息服务	V2I	汽车近场支付
第二阶段	1	安全	V2V/V2I	感知数据共享
	2		V2V/V2I	协作式变道
	3	安全/效率	V2I	协作式车辆汇入
	4		V2I	协作式交叉口通行
	5	信息服务	V2I	差分数据服务
	6	效率/交通管理	V2I	动态车道管理
	7	效率	V2I	协作式优先车辆通行
	8	信息服务	V2I	场站路径引导服务
	9	交通管理	V2I	浮动车数据采集
	10	安全	P2X	弱势交通参与者安全通行
	11	高级智能驾驶	V2V	协作式车辆编队管理
	12	效率/信息服务	V2I	道路收费服务

标准	序号	通信模式	典型应用
高等级自动驾驶	1	V2V/V2I	协同式感知
	2	V2I	基于路侧协同的无信号交叉路口通行
	3	V2I	基于路侧协同的自动驾驶车辆"脱困"
	4	V2I	高精度地图版本对齐及动态更新
	5	V2I	自主泊车
	6	V2I	基于路侧感知的"僵尸车"识别
	7	V2I	基于路侧感知的交通状况识别
	8	V2V/V2I	基于协同式侧感知的异常驾驶行为识别

二、V2V 应用场景

V2V 通信,是指通过车载单元(OBU)进行车辆终端之间的信息交互,既可以通过 PC5 接口实现直通链路的近程通信,也可以通过 Uu 接口实现超视距的远程通信。V2V 应用场景,指基于 V2V 技术的车辆可以每秒发送 10 次位置、速度、方向以及其他车辆属性信息,交互车辆之间的运行状态,通过前向碰撞预警、紧急制动预警、异常车辆提醒、协作式变道等场景应用,提高交通行为的安全性,如图 4-2 所示。

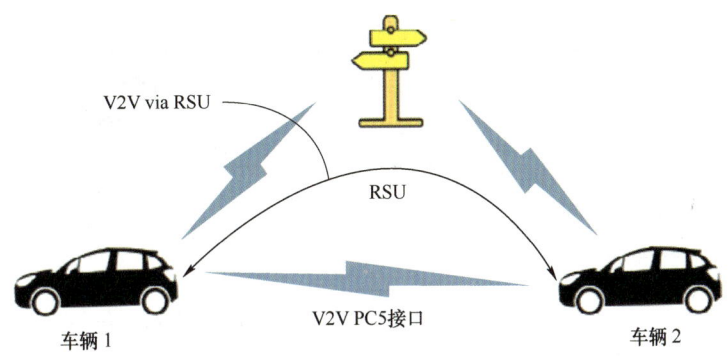

图 4-2 V2V 应用场景

下面根据《合作式智能运输系统 车用通信系统应用层及应用数据交互标准(第一阶段)》(T/CSAE 53—2017)《基于车路协同的高等级自动驾驶数据交互内容》(T/CSAE 158—2020)等标准,分析典型 V2V 应用场景。

其中,主车(Host Vehicle,HV)指装有车载单元且运行应用程序的目标车辆;远车(Remote Vehicle,RV)指与主车配合,能定时广播 V2X 消息的背景车辆。

三、前向碰撞预警 V2V 应用场景

前向碰撞预警(Forward Collision Warning,FCW)是指主车(HV)在普通道路或高速公路的车道上行驶,与在正前方同一车道的远车(RV)存在追尾碰撞危险时,FCW 应用将对 HV 驾驶人进行预警,辅助驾驶人避免或减轻前向碰撞,提高道路行驶安全。

1. 主要场景

(1)HV 行驶,RV 在 HV 同一车道正前方停止 如图 4-3 所示,HV 正常行驶,RV 在位于 HV 同一车道的正前方停止;HV 和 RV 需具备短程无线通信能力;HV 行驶过程中在即将与 RV 发生碰撞时,FCW 应用对 HV 驾驶人发出预警,提醒驾驶人与位于正前方的车辆 RV 存在碰撞危险;预警时机需确保 HV 驾驶人收到预警后,能有足够时间采取措施,避免与 RV 发生追尾碰撞。

(2)HV 行驶,RV 在 HV 相邻车道前方停止 如图 4-4 所示,HV 正常行驶,RV 在位于 HV 相邻车道的前方停止;HV 和 RV 需具备短程无线通信能力;HV 行驶过程中不会与 RV 发生碰撞,HV 驾驶人不会收到 FCW 预警信息。

(3)HV 行驶,RV 在 HV 同一车道正前方慢速或减速行驶 如图 4-5 所示,HV 正常行

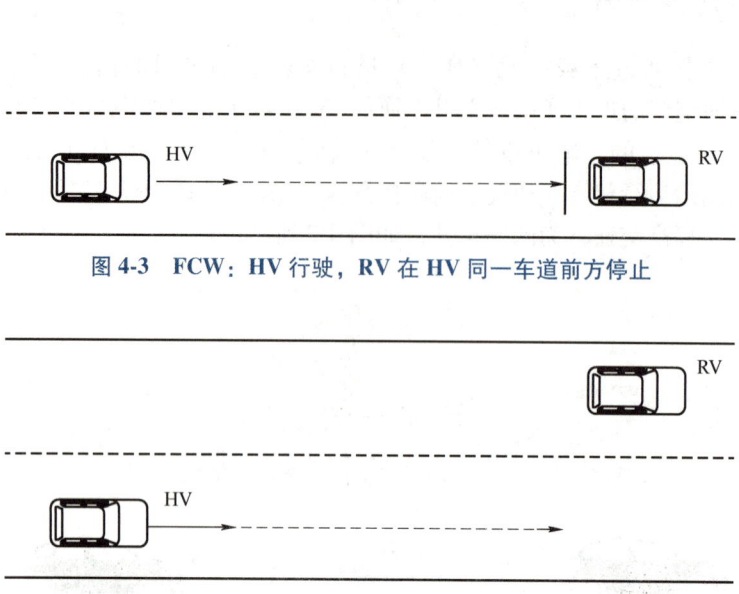

图 4-3　FCW：HV 行驶，RV 在 HV 同一车道前方停止

图 4-4　FCW：HV 行驶，RV 在 HV 相邻车道前方停止

驶，RV 位于 HV 同一车道的正前方慢速或减速行驶；HV 和 RV 需具备短程无线通信能力；HV 行驶过程中在即将与 RV 发生碰撞时，FCW 应用对 HV 驾驶人发出预警，提醒驾驶人与位于正前方的车辆 RV 存在碰撞危险；预警时机需确保 HV 驾驶人收到预警后，能有足够时间采取措施，避免与 RV 发生追尾碰撞。

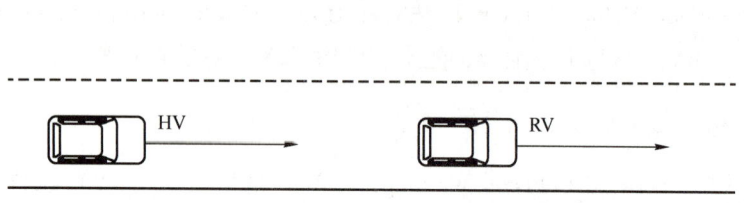

图 4-5　FCW：HV 行驶，RV 在 HV 同一车道正前方慢速或减速行驶

（4）HV 行驶，HV 视线受阻，RV-1 在 HV 同一车道正前方停止　如图 4-6 所示，HV 跟随 RV-2 正常行驶，RV-1 在同一车道上 RV-2 的正前方停止，HV 的视线被 RV-2 所遮挡；HV 和 RV-1 需具备短程无线通信能力，RV-2 是否具备短程无线通信能力不影响应用场景的有效性；RV-2 为了避开 RV-1 进行变道行驶；HV 行驶过程中在即将与 RV-1 发生碰撞时，FCW 应用对 HV 驾驶人发出预警，提醒驾驶人与位于正前方的 RV-1 存在碰撞危险；预警时机需确保 HV 驾驶人收到预警后，能有足够时间采取措施，避免与 RV-1 发生追尾碰撞。

2. 系统基本原理

HV 行驶过程中，若与同一车道前方 RV 存在碰撞危险时，FCW 应用对 HV 驾驶人进行预警。触发 FCW 功能的 HV 和 RV 位置关系如图 4-7 所示，其中 HV 和 RV 在同一车道，RV 在 HV 的前方。该应用在直线车道或弯道车道均有效。

FCW 基本工作原理：

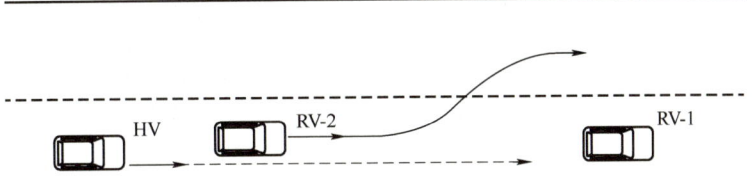

图 4-6 FCW：HV 行驶，HV 视线受阻，RV-1 在同一车道正前方停止

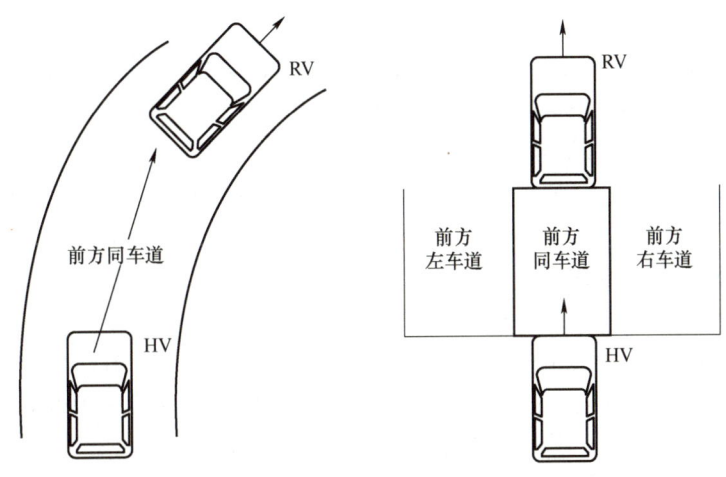

图 4-7 FCW：HV 和 RV 位置关系

1）分析接收到的 RV 消息，筛选出位于同一车道前方（前方同车道）区域的 RV。

2）进一步筛选处于一定距离范围内的 RV 作为潜在威胁车辆。

3）计算每一个潜在威胁车辆的碰撞时间（Time-To-Collision，TTC）或防撞距离（Collision Avoidance Range，CAR），筛选出与 HV 存在碰撞危险的威胁车辆。

4）若有多个威胁车辆，则筛选出最紧急的威胁车辆。

5）系统通过人机交互界面（Human Machine Interface，HMI）对 HV 驾驶人进行相应的碰撞预警。

3. 通信方式

HV 和 RV 需具备短程无线通信能力，车辆信息通过短程无线通信在 HV 和 RV 之间传递（V2V）。

4. 基本性能要求

1）主车车速范围为 0~130km/h。

2）通信距离≥300m。

3）数据更新频率为 10Hz。

4）系统延迟≤100ms。

5）定位精度≤1.5m。

5. 数据交互需求

FCW 数据交互需求见表 4-2。

表 4-2　FCW 数据交互需求（远车数据）

数据	单位	数据	单位
时刻	ms	位置（经纬度）	deg
位置（海拔）	m	车头方向角	deg
车体尺寸（长、宽）	m	速度	m/s
三轴加速度	m/s²	横摆角速度	deg/s

四、盲区预警/变道预警 V2V 应用场景

盲区预警/变道预警（Blind Spot Warning/Lane Change Warning，BSW/LCW）是指当主车（HV）的相邻车道上有同向行驶的远车（RV）出现在 HV 盲区时，BSW 应用会对 HV 驾驶人进行提醒；当主车（HV）准备实施变道操作时（如激活转向灯等），相邻车道上有同向行驶的远车（RV）处于或即将进入 HV 盲区，LCW 应用会对 HV 驾驶人进行预警。BSW/LCW 应用适用于普通道路或高速公路等车辆变道时，可能存在与相邻车道上的车辆发生侧向碰撞危险的预警，提高变道安全性。

1. 主要场景

（1）RV 在 HV 盲区内　如图 4-8 所示，HV 在本车道内行驶，RV 在 HV 相邻车道内同向行驶，且 RV 处于 HV 盲区内；BSW 应用会提醒 HV 驾驶人其盲区内存在车辆 RV；若此时检测到 HV 驾驶人有向 RV 所在车道变道的意图（如激活转向灯或者根据转向盘转角综合判断），则 LCW 应用会对 HV 驾驶人发出预警；预警时机需确保 HV 驾驶人收到预警后，能有足够时间采取措施，避免与相邻车道上的 RV 发生碰撞。

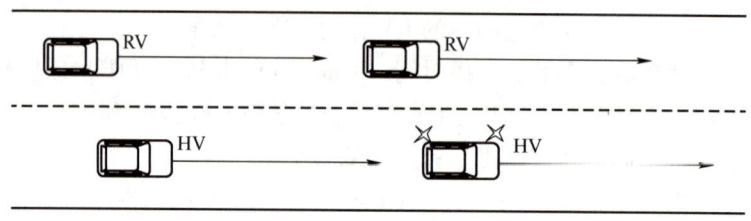

图 4-8　BSW/LCW：RV 在 HV 盲区内

（2）RV 即将进入 HV 盲区　如图 4-9 所示，HV 在本车道内行驶，远车 RV 在相邻车道上与 HV 同向行驶，且即将进入 HV 的盲区；BSW 应用会提醒 HV 驾驶人即将有车辆进入其盲区；若此时检测到 HV 驾驶人有向 RV 所在车道变道的意图（如激活转向灯），则 LCW 应用会对 HV 驾驶人发出预警；预警时机需确保 HV 驾驶人收到预警后，能有足够时间采取措施，避免与相邻车道上的 RV 发生碰撞。

2. 系统基本原理

当 HV 意图换道时，若检测到相邻车道上与 HV 同向行驶的车辆 RV 处于或即将进入 HV 盲区，BSW/LCW 应用会对 HV 驾驶人进行预警。触发 BSW/LCW 功能的 HV 和 RV 位置关系如图 4-10 所示。

BSW/LCW 基本工作原理如下：

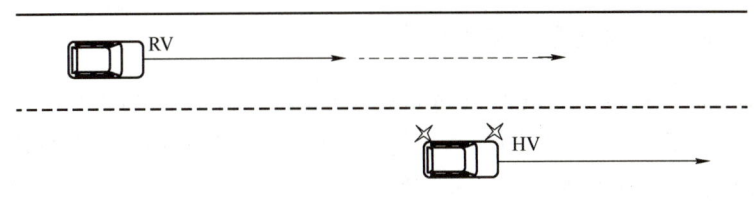

图 4-9　BSW/LCW：RV 即将进入 HV 盲区

1）从接收到的 RV 消息中，筛选出位于 HV 左后相邻车道和右后相邻车道的 RV 作为潜在威胁车辆。

2）判断潜在威胁车辆是否处于或即将进入 HV 盲区。

3）如果潜在威胁车辆处于或即将进入 HV 盲区，首先对 HV 驾驶人进行 BSW 提醒。

4）如果潜在威胁车辆处于或即将进入 HV 盲区，而 HV 此时有变道操作，则对 HV 驾驶人进行 LCW 报警。

5）系统通过 HMI 对 HV 驾驶人进行提醒或警告。

3. 通信方式

HV 和 RV 需具备短程无线通信能力，车辆信息通过短程无线通信在 HV 和 RV 之间传递。

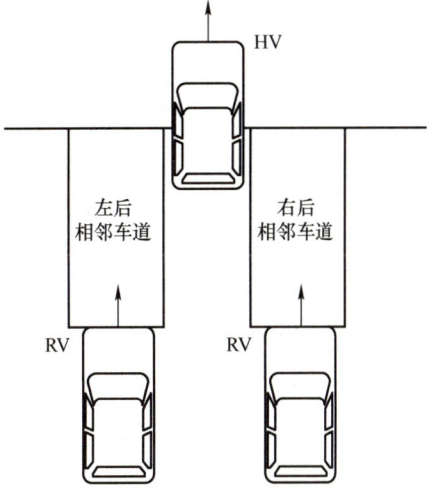

图 4-10　BSW/LCW：HV 和 RV 位置关系

4. 基本性能要求

BSW/LCW 基本性能要求如下：

1）主车车速范围为 0~130km/h。

2）通信距离≥150m。

3）数据更新频率为 10Hz。

4）系统延迟≤100ms。

5）定位精度≤1.5m。

5. 数据交互需求

BSW/LCW 数据交互需求见表 4-3。

表 4-3　BSW/LCW 数据交互需求（远车数据）

数据	单位	数据	单位
时刻	ms	位置（经纬度）	deg
位置（海拔）	m	车头方向角	deg
车体尺寸（长、宽）	m	速度	m/s
纵向加速度	m/s^2	横摆角速度	deg/s
转向信号	转向灯是否激活	转向盘转角	deg

五、紧急制动预警 V2V 应用场景

紧急制动预警（Emergency Brake Warning，EBW）是指主车（HV）行驶在道路上，与前方行驶的远车（RV）存在一定距离，当前方 RV 进行紧急制动时，会将这一信息通过短程无线通信广播出来。HV 检测到 RV 的紧急制动状态，若判断该 RV 事件与 HV 相关，则对 HV 驾驶人进行预警。

EBW 应用适用于城市郊区普通道路及高速公路可能发生制动追尾碰撞危险的预警，辅助驾驶人避免或减轻车辆追尾碰撞，提高道路行驶通行安全。

1. 主要场景

（1）同车道（或相邻车道）HV 前方紧邻 RV 发生紧急制动　如图 4-11 所示，HV 行驶在道路上，RV 发生紧急制动事件；HV 和 RV 需具备短程无线通信能力；EBW 应用对 HV 驾驶人发出预警，提醒驾驶人前方紧急制动操作存在碰撞危险；预警时机需确保 HV 驾驶人收到预警后，能有足够时间采取措施，避免与 RV 发生追尾碰撞。

（2）同车道（或相邻车道）HV 前方非紧邻 RV-1 发生紧急制动　如图 4-12 所示，HV 行驶在道路上，其前方非紧邻的 RV-1 发生紧急制动事件，HV 的视线被紧邻的 RV-2 所遮挡；HV 和 RV-1、RV-2 需具备 V2X 通信能力；EBW 应用对 HV 驾驶人发出预警，提醒驾驶人前方紧急制动操作存在碰撞危险；预警时机需确保 HV 驾驶人收到预警后，能有足够时间采取措施，避免与 RV-2 和 RV-1 发生追尾碰撞。

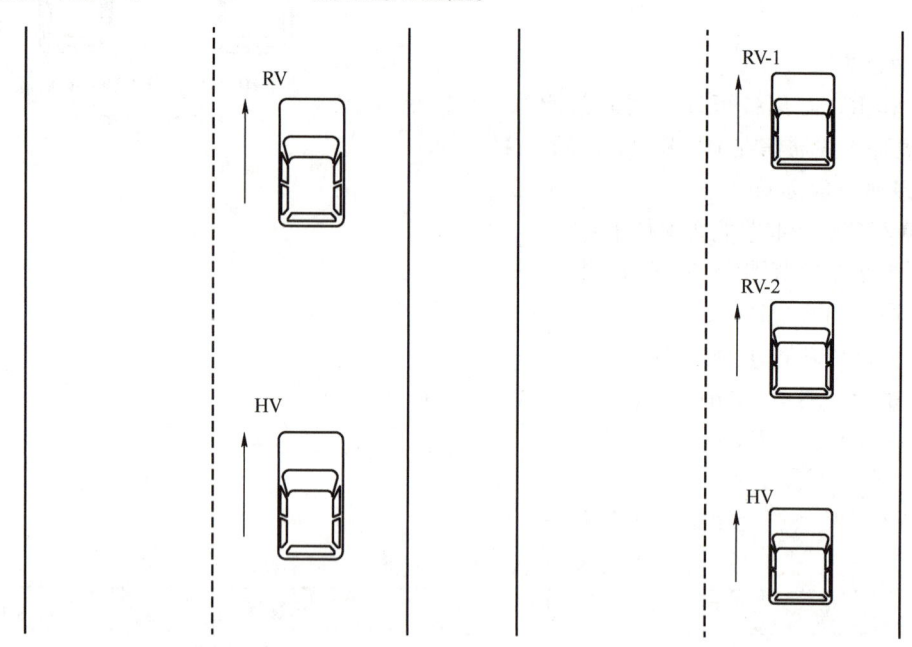

图 4-11　EBW：同车道（或相邻车道）HV 前方紧邻 RV 发生紧急制动

图 4-12　EBW：同车道（或相邻车道）HV 前方非紧邻 RV-1 发生紧急制动

2. 系统基本原理

相同或者相邻车道上，RV 发生紧急制动事件并对外广播，当 HV 通过行驶方向、距离、位置、速度等信息，判断该事件对 HV 具有潜在危险时，则对 HV 驾驶人进行预警。触发

EBW 功能的 HV 和 RV 位置关系如图 4-13 所示。

EBW 基本工作原理如下：

1）RV 出现紧急制动事件时，将这一信息对外进行广播。

2）HV 接收到 RV 的信息时，判断其是否包含紧急制动事件。

3）HV 将出现紧急制动事件的 RV 分类为前方相同车道和前方相邻车道。

4）HV 进一步根据车速、位置等信息判断该 RV 是否与 HV 相关，若存在潜在碰撞危险，则对 HV 驾驶人进行提醒。

3. 通信方式

HV 和 RV 需具备短程无线通信能力，车辆信息通过短程无线通信在 HV 和 RV 之间传递。

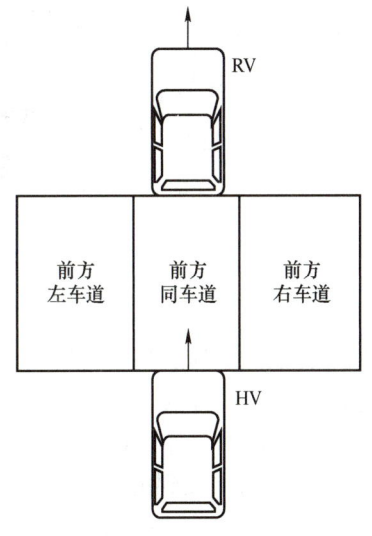

图 4-13　EBW：HV 和 RV 位置关系

4. 基本性能要求

EBW 基本性能要求如下：

1）主车车速范围为 0～130km/h。

2）通信距离≥150m。

3）数据更新频率为 10Hz。

4）系统延迟≤100ms。

5）定位精度≤1.5m。

5. 数据交互需求

EBW 数据交互需求见表 4-4。

表 4-4　EBW 数据交互需求（远车数据）

数据	单位	数据	单位
时刻	ms	位置（经纬度）	deg
位置（海拔）	m	车头方向角	deg
车体尺寸（长、宽）	m	速度	m/s
纵向加速度	m/s²	紧急制动状态	是否激活

六、紧急车辆提醒 V2V 应用场景

紧急车辆提醒（Emergency Vehicle Warning，EVW）是指主车（HV）行驶中，收到紧急车辆提醒，以对消防车、救护车、警车或其他紧急呼叫车辆等进行让行。

1. 主要场景

如图 4-14 所示，HV 行驶中，紧急车辆 RV 接近 HV；HV 和 RV 需具备短程无线通信能力；HV 收到紧急车辆提醒时，对紧急车辆 RV 进行让行。

2. 系统基本原理

HV 直向行驶时，遇到消防车、救护车、警车或其他紧急车辆呼叫时，通过车-车通信

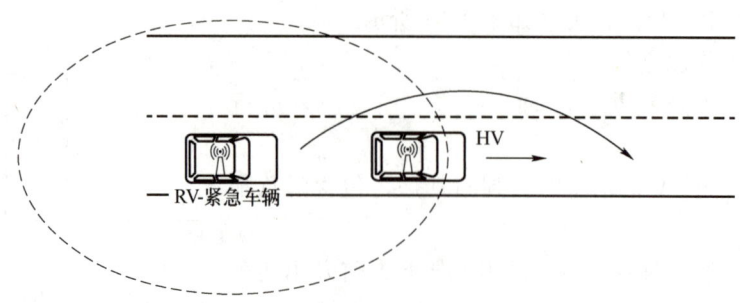

图 4-14　EVW：紧急车辆接近 HV

（V2V）有效快速让行，EVW 应用对 HV 驾驶人进行预警。触发 EVW 功能的 HV 和 RV 位置关系如图 4-15 所示。

EVW 基本工作原理如下：

1）分析接收到的紧急车辆 RV 消息，筛选出位于 HV 受影响区域的紧急车辆 RV。

2）将处于一定范围内的紧急车辆 RV 作为优先让行紧急车辆。

3）计算优先让行紧急车辆 RV 到达的时间和距离。

3. 通信方式

HV 和 RV 需具备短程无线通信能力，车辆信息通过短程无线通信在 HV 和 RV 之间传递。

4. 基本性能要求

EVW 基本性能要求如下：

1）主车车速范围为 0~130km/h。

2）通信距离≥300m。

3）数据更新频率为 5Hz。

4）系统延迟≤100ms。

5）定位精度≤5m。

5. 数据交互需求

EVW 数据交互需求见表 4-5。

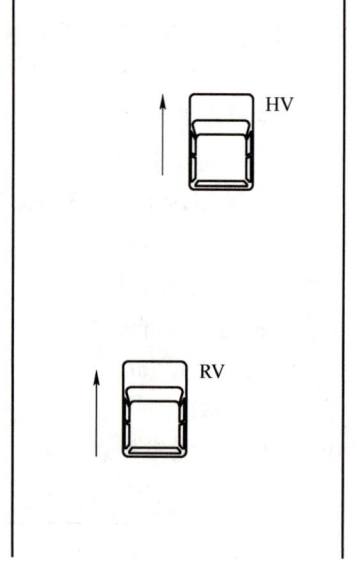

图 4-15　EVW：HV 和 RV 位置关系

表 4-5　EVW 数据交互需求（远车数据）

数据	单位	数据	单位
时刻	ms	位置（经纬度）	deg
位置（海拔）	m	车头方向角	deg
车体尺寸（长、宽）	m	速度	m/s
三轴加速度	m/s²	横摆角速度	deg/s
紧急车辆类型	消防车、救护车、警车等	—	—

项目 4　车联网关键场景应用

【任务实施】

任务名称：典型 V2V 应用场景报文定义		
项目	任务实施内容	
任务目标	1. 正确使用工具软件和专用设备，读取典型 V2V 应用场景的通信报文 2. 合理使用技术资料，解读典型 V2V 应用场景的通信报文含义 3. 培养团队合作精神和严谨细致的工作作风	
任务准备	实施要点	1. 更换实训服，摘掉首饰，长发挽起固定于脑后 2. 准备工具：联网计算机、V2V 应用场景设备、纸、笔、特殊工具 3. 严禁非专业人员或无教师在场的情况下私自对部件进行操作
	实施记录	是否完成：□是　□否 特殊工具清单：_____
任务计划	根据任务目标，制订任务实施计划 | 序号 | 作业项目 | 实施要点 | |---|---|---| | 1 | | | | 2 | | | | 3 | | | | 4 | | | | 5 | | |	
交互信号内容	实施要点	罗列出车与车之间（V2V）需要通信的信号内容
	实施记录	1. 是否进行车速信息通信：　　　　□是　□否 2. 是否进行加速度信息通信：　　　□是　□否 3. 是否进行加速需求信息通信：　　□是　□否 4. 是否进行制动需求信息通信：　　□是　□否 5. 是否进行行驶方向信息通信：　　□是　□否 6. 是否进行转向意图信息通信：　　□是　□否 7. 是否进行当前坐标位置信息通信：□是　□否 8. 是否进行车身尺寸信息通信：　　□是　□否 9. 是否进行其他未定义信息通信：　□是　□否
交互信号表达方式	实施要点	1. 将需要通信的信号进行定义 2. 确定信息的位宽大小（长度、位数）、单位、运算方式（类型、偏移量、比例等）、解析方法等
	实施记录	1. 车速（示例）信息：长度：__8bit__，单位：__km/h__，其他：__无偏移量与比例__ 2. 加速度信息：长度：_____，单位：_____，其他：_____ 3. 加速需求信息：长度：_____，单位：_____，其他：_____ 4. 制动需求信息：长度：_____，单位：_____，其他：_____ 5. 行驶方向信息：长度：_____，单位：_____，其他：_____ 6. 转向意图信息：长度：_____，单位：_____，其他：_____ 7. 当前坐标位置信息：长度：_____，单位：_____，其他：_____ 8. 车身尺寸信息：长度：_____，单位：_____，其他：_____ 9. 其他未定义信息：长度：_____，单位：_____，其他：_____

V2V 应用场景的报文编制与传输

（续）

项目		任务实施内容
交互信号组合	实施要点	1. 以尽量短的总信息长度，完成多个信号的组合 2. 可以做一定的保留设计，留足后期的修正、功能拓展空间
	实施记录	<table><tr><td>位序</td><td>1</td><td>2</td><td>3</td><td>4</td><td>5</td><td>6</td><td>7</td><td>8</td></tr><tr><td>第1字节</td><td></td><td></td><td>车</td><td></td><td></td><td>速</td><td></td><td></td></tr><tr><td>第2字节</td><td></td><td>加</td><td></td><td>速</td><td></td><td>度</td><td></td><td></td></tr><tr><td>第3字节</td><td></td><td>加</td><td></td><td>速</td><td></td><td>需</td><td></td><td>求</td></tr><tr><td>第4字节</td><td></td><td></td><td></td><td></td><td></td><td></td><td></td><td></td></tr><tr><td>第5字节</td><td></td><td></td><td></td><td></td><td></td><td></td><td></td><td></td></tr><tr><td>第6字节</td><td></td><td></td><td></td><td></td><td></td><td></td><td></td><td></td></tr><tr><td>第7字节</td><td></td><td></td><td></td><td></td><td></td><td></td><td></td><td></td></tr><tr><td>第8字节</td><td></td><td></td><td></td><td></td><td></td><td></td><td></td><td></td></tr><tr><td>……</td><td></td><td></td><td></td><td></td><td></td><td></td><td></td><td></td></tr></table> 注意：首先需要对信号进行定义，然后在表格内，将信号填入对应的数据区域，以便于发送、接收双方能根据此定义进行数据的"打包"与"解析"
可靠性定义	实施要点	1. 使通信数据更可靠，更具有可行性、容错能力等 2. 加入帧头、帧尾、校验、加密等内容
	实施记录	1. 帧头定义：长度：_____ 内容：_____ 定义依据：_____ 2. 帧尾定义：长度：_____ 内容：_____ 定义依据：_____ 3. 校验定义：_____ 4. 加密方式：_____
通用性定义	实施要点	1. 使通信协议能实现新、旧版本兼容，并做到有一定迭代能力 2. 加入版本号、设备类型等信息
	实施记录	1. 版本定义：长度：_____ 内容：_____ 定义依据：_____ 2. 设备类型定义：长度：_____ 内容：_____ 定义依据：_____
任务名称：典型V2V应用场景信息传递		
项目		任务实施内容
任务目标		1. 正确使用工具软件和专用设备，搭建典型V2V应用场景的信息传递平台 2. 合理使用技术资料，设置典型V2V应用场景的通信内容，并进行信息传递 3. 培养团队合作精神和严谨细致的工作作风
任务准备	实施要点	1. 更换实训服，摘掉首饰，长发挽起固定于脑后 2. 准备工具：联网计算机、V2I应用场景设备、纸、笔、特殊工具 3. 严禁非专业人员或无教师在场的情况下私自对部件进行操作
	实施记录	是否完成：□是　□否 特殊工具清单：_____

122

项目4 车联网关键场景应用

（续）

项目	任务实施内容		
任务计划	根据任务目标，制订任务实施计划		
	序号	作业项目	实施要点
	1		
	2		
	3		
	4		
	5		
准备工作	实施要点	1. 检查 LTE-V2X 设备、配套设备是否齐全、外观是否正常 2. 将 SIM 卡插入 LTE-V2X 设备；然后将 12V 电源、USB-RS232 通信线接入 LTE-V2X 设备	
	实施记录	1. LTE-V2X 设备是否具有主机 1 个：□是　□否　编码：_____ 外观是否有损伤：□是　□否，如有，位置是_____ 2. LTE-V2X 设备是否具有短棒天线 1 条：□是　□否	
测试平台搭建	实施要点	1. 购买云服务器（如"阿里云"，原因是学校网络内的计算机，一般无法被互联网端的其他设备所直接访问，所以就需要使用能被外网访问的，具有互联网 IP 地址的计算机） 2. 对云服务器的信息进行获取和通信测试工具软件安装，含：①服务器"外网" IP 地址；②云服务器的计算机需要安装"TCP/UDP 测试工具" 3. 打开云服务器内的"TCP/UDP 测试工具"，并选择"服务器模式"，然后单击"创建服务器"（请选择 TCP 服务器，或默认），并设置端口号，如设置为"4001"，然后单击"确定"创建服务器；最后单击"启动服务器" 4. 等待"客户端"连接服务器（客户端即 LTE-V2X 通信设备） 5. 按照用户手册对 LTE-V2X 设备进行配置（配置完成后连接成功时，POWER 指示灯点亮，STATE 指示灯几十秒后点亮，LINK 指示灯在配置完成连接云服务器后点亮） 6. 客户端连接服务器端（根据用户手册上的连接方法进行连接） 7. 测试平台是否连接，连接上后是否能发送数据（看服务器端是否有客户端加入。在客户端的发送区域输入：123456，单击发送，查看客户端是否有数据接收）	
	实施记录	1. 是否有云服务器：□是　□否，设备编码：_____ 2. 是否能连接：□是　□否，如能连接，位置是_____ 3. 是否有数据的传输：□是　□否，如否，问题是_____	
车辆交互信号定义	实施要点	1. 设置车与车之间需要交互的信号 2. 将信号虚拟一个具体状态，并定义对应数值	
	实施记录	1. 车速（8bits）：_____ km/h 2. 加速需求（2bits）：加速：_____　减速：_____　匀速：_____ 3. 制动需求（2bits）：制动：_____　不制动：_____ 4. 转向意图（2bits）：右转：_____　左转：_____ 　　　　　　　　　　不转向：_____　掉头：_____ 5. 当前坐标位置：_____经度信息（3B），_____纬度信息（3B） 6. 车身大小：测量实车填写，长（1B）：_____ 宽（1B）：_____ 高（1B）：_____	

（续）

项目		任务实施内容								
交互信号填充	实施要点	对车辆需要交换的信号进行组合，模拟实车运行中的信号								
	实施记录	序列	1	2	3	4	5	6	7	8
		第1字节				车速				
		第2字节	加速	需求	制动	需求	转向	意图		
		第3字节				经度				
		第4字节								
		第5字节				信息				
		第6字节				纬度				
		第7字节								
		第8字节				信息				
		第9字节				车长				
		第10字节				车宽				
		第11字节				车高				
		……								
		注意：首先需要对信号进行定义，然后在表格内，将信号填入对应的数据区域，以便于发送、接收双方能根据此定义进行数据的"打包"与"解析"								
通信测试与数据内容解析	实施要点	对模拟车辆状态信号进行打包发送测试，并对接收的数据进行解析								
	实施记录	1. 检查客户端与服务器端是否连接：□是 □否，如果不能连接，则故障是：_____ 2. 在任意车载终端发送一组定义好的数据给另一个车载终端（使用 LTE-V2X 设备模拟一台车载终端，服务器端模拟一台车载终端），注意发送信息的合理性 发送数据是：_____，接收数据是：_____ 3. 重复多次测试，第一次测试为通信功能验证测试，其后测试为通信数据解析练习。第二次在数据发送时，发送的数据被重新定义，并且具体内容不公开；收到数据的客户端，对数据进行解析，解析完成后与发送方进行比对，验证解析数据的正确性 接收数据解析结果：_____								

【质量评价】

任务总结	典型 V2V 应用场景的任务总结： 工作实施情况反思：

项目 4　车联网关键场景应用

（续）

评价项目		评价标准	自评价	小组评价	教师评价	总体评价
质量评价	知识目标	在任务实施过程中，对学员关于 V2V 应用场景的知识的掌握程度，进行优、良、中、差评价				
	能力目标	在任务实施过程中，根据学员是否能通过合理使用通用工具和专用仪器，查阅技术文件，装调、配置 V2V 应用场景的车联网系统硬件，解析报文，进行优、良、中、差评价				
	素养目标	在任务实施过程中，根据学员表现出的团队协作能力、科学探究精神和工匠精神，进行优、良、中、差评价				

【回顾思考】

一、填空题

1. 3GPP 标准组织的 R14 版本，定义了_____、_____、_____3 类共_____个车联网基本应用场景。

2. 3GPP 标准组织的 R15 版本，定义了_____、_____、_____和_____4 类共_____个车联网增强应用场景。

3. 中国汽车工程学会的 T/CSAE 53—2017 标准，定义了_____、_____、_____3 类共_____个典型车联网应用场景。

4. 中国汽车工程学会的 T/CSAE 158—2020 标准，定义了_____的 8 个车联网应用场景。

5. 前向碰撞预警的英文全称是_____。

二、选择题

1. 前向碰撞预警的 V2V 应用场景包括（　　）。

A. HV 行驶，RV 在 HV 同一车道正前方停止

B. HV 行驶，RV 在 HV 相邻车道前方停止

C. HV 行驶，RV 在 HV 同一车道正前方慢速或减速行驶

D. HV 行驶，HV 视线受阻，RV-1 在 HV 同一车道正前方停止

2. 前向碰撞预警 V2V 应用场景的工作过程排序正确的是（　　）。

① 分析接收到的 RV 消息，筛选出位于同一车道前方（前方同车道）区域的 RV

② 进一步筛选处于一定距离范围内的 RV 作为潜在威胁车辆

③ 计算每一个潜在威胁车辆碰撞时间或防撞距离，筛选出与 HV 存在碰撞危险的威胁车辆

④ 若有多个威胁车辆，则筛选出最紧急的威胁车辆

⑤ 系统通过人机交互界面对 HV 驾驶人进行相应的碰撞预警

A. ①②③④⑤   B. ①②④⑤③   C. ①④⑤②③   D. ③②①④⑤

3. 以下哪项不是前向碰撞预警的 V2V 应用场景远车交互数据？（   ）

    A. 时刻   B. 经纬度位置   C. 速度   D. 紧急制动状态

4. 盲区预警/变道预警 V2V 应用场景的通信距离性能要求是（   ）。

    A. ≥50m   B. ≥100m   C. ≥150m   D. ≥300m

5. 紧急车辆提醒 V2V 应用场景的定位数度性能要求是（   ）。

    A. ≤0.5m   B. ≤1.5m   C. ≤5m   D. ≤10m

三、判断题

1. V2V 是车与车之间的近程通信。（   ）
2. 3GPP 组织的 R14 标准定义的安全类 V2V 应用场景都是辅助应用，通过预警提高安全性。（   ）
3. 3GPP 组织的 R14 标准定义的安全类 V2V 应用场景的信息交互都是通过短程无线通信。（   ）
4. 紧急车辆提醒和前向碰撞预警 V2V 应用场景，数据更新频率和定位精度的性能要求一致。（   ）

四、简答题

1. V2V 应用场景的定义是什么？
2. 为什么中国汽车工程学会 T/CSAE 53—2017 标准的 V2V 应用场景，对主车速度范围都限制在 130km/h 内？

任务 2   V2I 场景应用

【情景导入】

    2016 年 6 月 7 日，我国首个"国家智能网联汽车（上海）试点示范区"在上海安亭投入运营。2018 年 4 月，我国工业和信息化部发布《智能网联汽车道路测试管理规范（试行）》。截至 2022 年底，我国已建有 10 个国家级智能网联汽车测试示范区，获批 8 个国家级车联网先导区，以应用场景为主导部署了大量 C-V2X 路侧设备，开展了累计超过 700 万 km 的智能网联汽车道路测试。

【任务目标】

知识目标：

1. 了解典型 V2I 应用场景的相关标准。
2. 理解典型 V2I 应用场景的数据交互需求。

能力目标：

1. 掌握 V2I 数据帧读取方法，能解析典型 V2I 报文。
2. 具备查阅技术文件，配置、传递 V2I 数据帧，实现典型 V2I 应用场景的能力。
3. 具备《智能汽车大数据管理与应用》职业技能等级标准中的车端、路端工作领域系

项目 4　车联网关键场景应用

统集成应用的相关能力。

素养目标：
1. 培养团队协作的能力。
2. 培养科学探究精神和严谨的工匠精神。
3. 培养爱国主义情怀和民族自信。

【知识准备】

一、V2I 应用场景

V2I 通信是指车载设备与路侧基础设施（如红绿灯、交通摄像头、公交站台、交通指示牌、立交桥、隧道、停车场、路侧单元等）进行通信，即车辆自身与基础设施之间的信息交换，同时 V2I 应用场景中，路侧基础设施也可以获取附近区域车辆的信息并发布各种实时信息。V2I 应用场景，是指基于 V2I 技术实现道路危险提示、限速预警、绿波车速引导、前方拥堵提醒和汽车近场支付等安全、效率、信息服务的各类车联网应用场景。

LTE-V2X 的 V2I 场景如图 4-16 所示，V2I 通信的双方有一方为路侧单元（RSU），V2I 将应用信息发送给 RSU，RSU 将应用信息发送给车组或支持 V2I 的车辆。RSU 是能够支持 V2X 应用实体信息交互的固定基础设施实体。

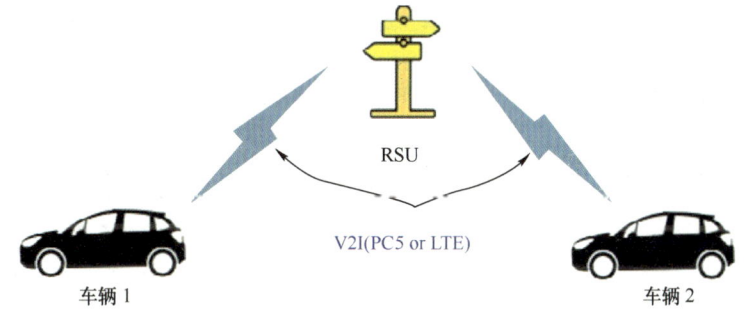

图 4-16　LTE-V2X 的 V2I 场景

二、交叉路口碰撞预警 V2I 应用场景

交叉路口碰撞预警（Intersection Collision Warning，ICW）是指主车（HV）驶向交叉路口，与侧向行驶的远车（RV）存在碰撞危险时，ICW 应用将对 HV 驾驶人进行预警。ICW 属于 V2V/V2I 应用场景，辅助驾驶人避免或减轻侧向碰撞，提高交叉路口通行安全。

1. 主要场景

（1）HV 在路口起步　如图 4-17 所示，HV 停止在路口，RV-1 从 HV 左侧或右侧驶向路口，HV 的视线可能被出现在路口的 RV-2 所遮挡；HV 和 RV-1 需具备短程无线通信能力，RV-2 是否处于静止状态、是否具备短程无线通信能力不影响应用场景的有效性；HV 起动并准备进入路口时，ICW 应用会对 HV 驾驶人发出预警，提醒驾驶人与侧向来车 RV-1 存在碰撞危险；预警时机需确保 HV 驾驶人收到预警后，能有足够时间采取措施，避免与 RV-1 发生碰撞。

127

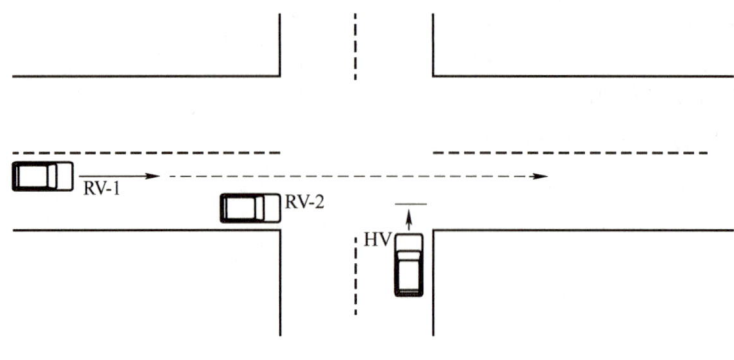

图 4-17　ICW：HV 在路口起步

（2）HV 和 RV 同时驶向路口　如图 4-18 所示，HV 驶向路口，同时 RV-1 从 HV 左侧或右侧驶向路口，HV 的视线可能被出现在路口的 RV-2 所遮挡；HV 和 RV-1 需具备短程无线通信能力，RV-2 是否处于静止状态、是否具备短程无线通信能力不影响应用场景的有效性；当 HV 驶近路口时，ICW 应用会对 HV 驾驶人发出预警，提醒驾驶人与侧向来车 RV-1 存在碰撞危险；预警时机需确保 HV 驾驶人收到预警后，能有足够时间采取措施，避免与 RV-1 发生碰撞。

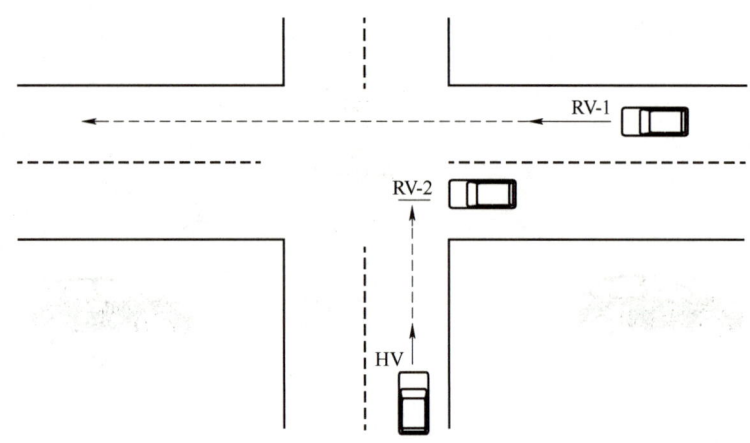

图 4-18　ICW：HV 和 RV 同时驶向路口

2. 系统基本原理

HV 驶向交叉路口，若与任意一辆驶向同一路口的 RV 存在碰撞危险时，ICW 应用会对 HV 驾驶人进行预警。触发 ICW 功能的 HV 和 RV 位置关系如图 4-19 所示，其中 HV 和 RV 行驶方向不限于垂直交叉 90°，可为一定范围内的多角度交叉。

ICW 基本工作原理如下：

1）分析接收到的 RV 消息，筛选出位于交叉路口左侧或交叉路口右侧区域的 RV。RV 消息可能是由 RV 发出或从路侧单元获取。

2）进一步筛选处于一定距离范围内的 RV 作为潜在威胁车辆。

3）计算每一个潜在威胁车辆到达路口的时间（Time To Intersection，TTI）和到达路口的距离（Distance To Intersection，DTI），筛选出与 HV 存在碰撞危险的威胁车辆；若有多个

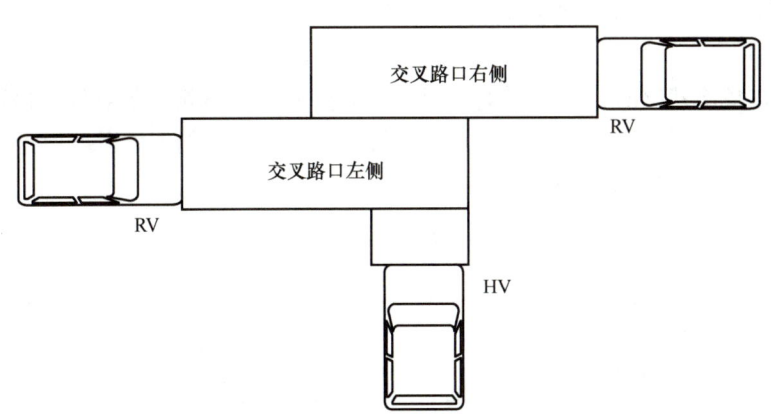

图 4-19　ICW：HV 和 RV 位置关系

威胁车辆，则筛选出最紧急的威胁车辆。

4）系统通过人机界面（Human Machine Interface，HMI）对 HV 驾驶人进行相应的碰撞预警。

3. 通信方式

HV 和 RV 需具备短程无线通信能力，车辆信息通过短程无线通信在 HV 和 RV 之间传递（V2V）；利用具备短程无线通信能力的路侧设备直接探测碰撞危险或远车信息，发送给主车（V2I）。

4. 基本性能要求

1）主车车速范围为 0~70km/h。
2）通信距离≥150m。
3）数据更新频率为 10Hz。
4）系统延迟≤100ms。
5）定位精度≤5m。

5. 数据交互需求

ICW 数据交互需求见表 4-6。

表 4-6　ICW 数据交互需求（远车数据）

数据	单位	数据	单位
时刻	ms	位置（经纬度）	deg
位置（海拔）	m	车头方向角	deg
车体尺寸（长、宽）	m	速度	m/s
三轴加速度	m/s^2	横摆角速度	deg/s

三、道路危险状况提示 V2I 应用场景

道路危险状况提示（Hazardous Location Warning，HLW），是指主车 HV 行驶到潜在危险状况（如桥下存在较深积水、路面有深坑、道路湿滑、前方急转弯等）路段，存在发生事

故风险时,HLW 应用会对 HV 驾驶人进行预警。

1. 主要场景

当道路存在危险状况时,附近路侧单元(RSU)或临时路侧设备对外广播道路危险状况提示信息,包括:位置、危险类型、危险描述等,行经该路段的 HV 根据信息及时采取避让措施,避免发生事故,如图 4-20 所示。

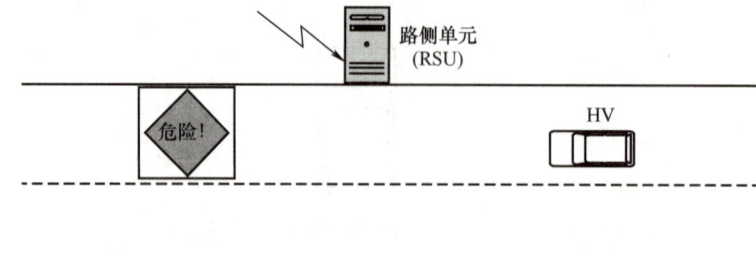

图 4-20　路侧单元(RSU)或临时路侧设备提示道路危险状态信息

2. 系统基本原理

HLW 基本工作原理如下:

1) 具备短程无线通信能力的路侧单元(RSU)周期性对外广播道路危险状况提示信息。
2) HV 依据自身位置信息和道路危险状况提示信息,计算与道路危险区域的距离。
3) HV 依据当前速度计算到达道路危险区域的时间。
4) 系统通过 HMI 对驾驶人进行及时的预警。

3. 通信方式

HV 和 RSU 需具备短程无线通信能力,RSU 将道路危险状况信息发送给 HV(V2I)。

4. 基本性能要求

1) 主车车速范围为 0~130km/h。
2) 通信距离≥300m。
3) 数据更新频率为 5Hz。
4) 系统延迟≤100ms。
5) 定位精度≤5m。

5. 数据交互需求

HLW 数据交互需求见表 4-7。

表 4-7　HLW 数据交互需求(远车数据)

数据	单位	备注
时刻	ms	—
道路危险位置(经纬度)	deg	—
道路危险位置(海拔)	m	—
道路危险状况类型	—	INTEGER
道路危险状况描述	—	STRING

四、闯红灯预警 V2I 应用场景

闯红灯预警（Red Light Violation Warning，RLVW）是指主车（HV）经过有信号控制的交叉口（车道），车辆存在不按信号灯规定或指示行驶的风险时，RLVW 应用会对驾驶人进行预警，辅助驾驶人安全通过信号灯路口，提高信号灯路口的通行安全。闯红灯预警过程如图 4-21 所示。

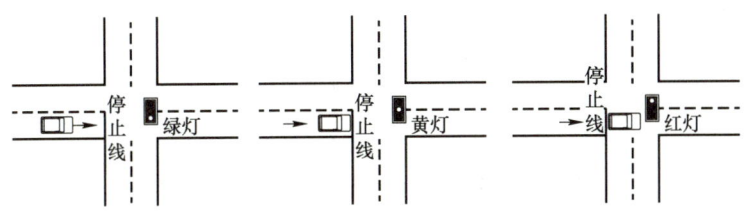

图 4-21　RLVW：闯红灯预警过程

1. 主要场景

当前方有大车遮挡视线（图 4-22）或恶劣天气影响视线，或由于其他原因，使 HV 无法对当前红灯或即刻到来的红灯做出正确判断时，RLVW 检测 HV 当前所处位置和速度等，通过计算预测车头经过路口停止线时信号灯的状态，向驾驶人进行预警。

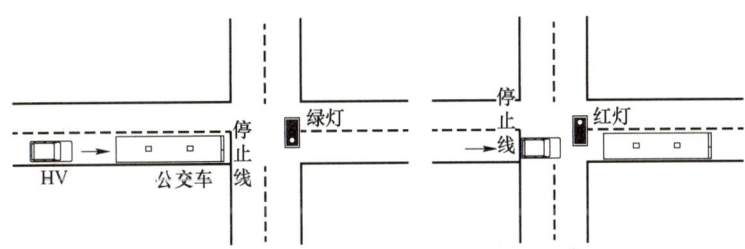

图 4-22　RLVW：被公交车遮挡信号灯

2. 系统基本原理

当 HV 驶向具有信号控制的交叉路口（车道），遇信号灯即将变红或正处在红灯状态，但车辆未能停止在停止线内而继续前行时，BLVW 应用将对该车驾驶人进行预警。触发 RLVW 功能的 HV 与路口设施位置关系如图 4-23 所示。

RLVW 基本工作原理如下：

1）具有短程、远程通信能力的路侧单元（RSU）定时发送路口地理信息和信号灯实时状态信息。

2）HV 依据本身 GNSS 地理信息，确定当前受管控信号的相位，并计算其与停止线的距离。

3）HV 依据当前速度和其他交通参数预估到达路口的时间。

4）RLVW 将这些信息与红灯切换时刻及红灯保留时长信息进行对比分析，决定是否预警。

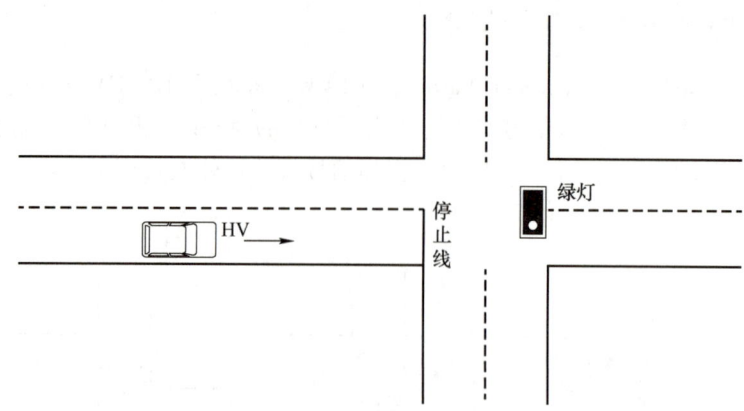

图 4-23　RLVW：HV 与路口设施位置关系

3. 通信方式

具备短程、远程无线通信能力的路侧设备，将有关交叉口（车道）信息广播给具有短程通信能力的车辆（V2I）。

4. 基本性能要求

1）主车车速范围为 0~70km/h。
2）通信距离≥150m。
3）数据更新频率为 5Hz。
4）系统延迟≤100ms。
5）定位精度≤1.5m。

5. 数据交互需求

RLVW 数据交互需求见表 4-8。

表 4-8　RLVW 数据交互需求（路侧数据）

数据	单位	备注
时刻	ms	—
路口 ID	—	—
入口 ID	—	—
车道宽度	m	—
车道中心线位置	—	—
停车线位置	—	—
车道属性	—	左、直、右和掉头车道
车道所属相位	—	—
当前灯态	—	针对该车道每一个车道属性（允许行驶方向）的信号灯状态
红变绿剩余时间/绿变红剩余时间	s	可预测一个周期或两个周期
红绿灯配时是否自适应控制	—	自适应控制时，绿灯剩余时间会改变（周期内或下一个周期）

五、绿波车速引导 V2I 应用场景

绿波车速引导（Green Light Optimal Speed Advisory，GLOSA）是指当装载车载单元

（OBU）的 HV 驶向信号灯控制交叉路口，收到由路侧单元（RSU）发送的道路数据及信号灯实时状态数据时，GLOSA 应用将给予驾驶人一个建议车速区间，以使车辆能够经济地、舒适地（不需要停车等待）通过信号路口，适用于提升交通系统效率的应用场景。

1. 主要场景

绿波车速引导场景如图 4-24 所示，HV 从远处接近信号灯控制路口；路侧单元发出局部道路数据信息及从路口信号机处获得信号灯数据信息和实时状态信息；GLOSA 应用根据上述信息，给出 HV 前方信号灯的实时状态，并结合 HV 的定位和行驶状态信息，计算出通过路口的引导车速区间。

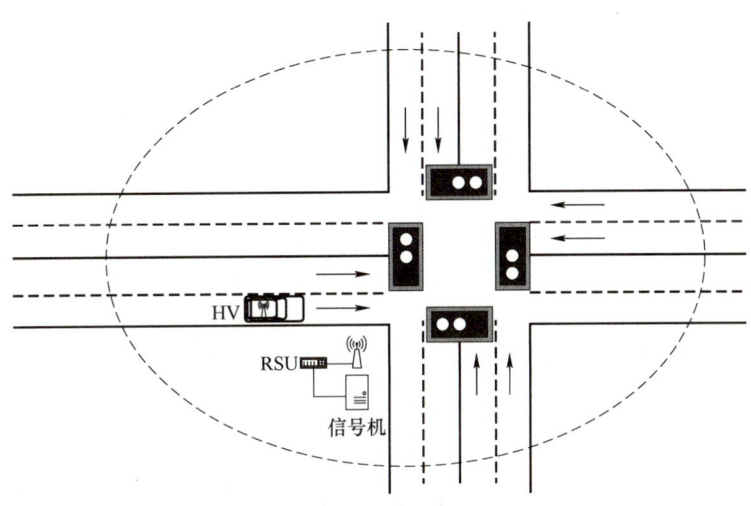

图 4-24 GLOSA：绿波车速引导场景

2. 系统基本原理

GLOSA 基本工作原理如下：

1) HV 根据收到的道路数据，以及本车的定位和运行数据，判定本车在路网中所处的位置和运行方向。

2) 判断车辆前方路口是否有信号灯，提取信号灯对应相位的实时状态；若有信号灯信息，则可直接显示给驾驶人。

3) GLOSA 应用根据本车的位置以及信号灯对应相位的实时状态，计算本车能够在本次或下次绿灯期间不停车通过路口所需的最高行驶速度和最低行驶速度，并进行提示。

3. 通信方式

具备短程无线通信能力的路侧设备，将道路数据与信号灯实时状态数据，发送给 HV（V2I）。

4. 基本性能要求

GLOSA 为效率类 V2X 应用，适用于市区或郊区有信号控制路口的路网，该应用对定位精度和数据的实时性要求与安全类应用相比较低。

1) 车辆车速范围为 0~70km/h。

2) 通信距离≥150m。

3) 道路数据集更新频率为 1Hz。

4）信号灯数据集更新频率为5Hz。

5）系统延迟≤200ms。

6）定位精度≤5m。

5. 数据交互需求

GLOSA数据交互需求见表4-9。

表4-9 GLOSA数据交互需求（路侧数据）

数据集	包含数据单元	备注
时刻	—	单位为ms
道路数据集	节点	路口节点
	路段	路口之间的路段
	车道	路段中的车道
	连接转向关系	路口处各路段出入连接关系
信号灯数据集	静态信息	信号灯周期、相位
	实时状态信息	信号灯当前状态和剩余时间
	转向-相位关系	路口处转向和信号灯相位的对应关系

【任务实施】

任务名称：典型V2I应用场景报文定义		
项目	任务实施内容	
任务目标	1. 正确使用工具软件和专用设备，读取典型V2I应用场景的通信报文 2. 合理使用技术资料，解读典型V2I应用场景的通信报文含义 3. 培养团队合作精神和严谨细致的工作作风	
任务准备	实施要点	1. 更换实训服，摘掉首饰，长发挽起固定于脑后 2. 准备工具：联网计算机、V2I应用场景设备、纸、笔、特殊工具 3. 严禁非专业人员或无教师在场的情况下私自对部件进行操作
	实施记录	是否完成：□是 □否 特殊工具清单：
任务计划	根据任务目标，制订任务实施计划	
	序号 | 作业项目 | 实施要点	
	1	
	2	
	3	
	4	
	5	

（续）

项目		任务实施内容
交互信号内容	实施要点	罗列出车与基础设施之间（V2I）需要通信的信息内容
	实施记录	基础设施： 1. 是否有红绿灯坐标：□是　□否 2. 红绿灯朝向是否正确：□是　□否 3. 是否有直行/左转/右转红绿灯状态：□是　□否 4. 是否有直行/左转/右转红绿灯时间：□是　□否 5. 是否有交通拥堵情况：□是　□否 6. 是否有拥堵方向信息：□是　□否 7. 是否有事故状态信息：□是　□否 8. 是否有事故位置信息：□是　□否 9. 是否有禁行状态信息：□是　□否 10. 是否有禁行位置信息：□是　□否 11. 是否有其他未定义信息：□是　□否  V2I 应用场景的 报文编制与传输
交互信号表达方式	实施要点	1. 将需要通信的信号进行定义 2. 确定信息的大小（长度、位数）、单位、运算方式（类型、偏移量、比例等）、解析方法等
	实施记录	1. 红绿灯坐标：长度：_____　单位：_____　其他：_____ 2. 红绿灯朝向：长度：_____　单位：_____　其他：_____ 3. 直行/左转/右转/掉头红绿灯状态：长度：_____　单位：_____　其他：_____ 4. 直行/左转/右转/掉头红绿灯时间：长度：_____　单位：_____　其他：_____ 5. 交通拥堵情况：长度：_____　单位：_____　其他：_____ 6. 交通拥堵方向：长度：_____　单位：_____　其他：_____ 7. 事故状态：长度：_____　单位：_____　其他：_____ 8. 事故位置：长度：_____　单位：_____　其他：_____ 9. 禁行状态：长度：_____　单位：_____　其他：_____ 10. 禁行位置：长度：_____　单位：_____　其他：_____ 11. 其他未定义：长度：_____　单位：_____　其他：_____
交互信号组合	实施要点	1. 以尽量短的总信息长度，完成对多个信号的组合 2. 可以做一定的保留设计，留足后期的修正、功能拓展空间
	实施记录	位序表

位序	1	2	3	4	5	6	7	8
第 1 字节	红		绿		灯		时	间
第 2 字节								
第 3 字节								
第 4 字节								
第 5 字节								
第 6 字节								
……								

（续）

项目		任务实施内容
可靠性定义	实施要点	1. 使通信数据更可靠，更具有可行性、容错能力等 2. 加入帧头、帧尾、校验、加密等内容
	实施记录	1. 帧头定义：长度：_____ 内容：_____ 定义依据：_____ 2. 帧尾定义：长度：_____ 内容：_____ 定义依据：_____ 3. 校验定义：_____ 4. 加密方式：_____
通用性定义	实施要点	1. 使通信协议能实现新、旧版本兼容，并做到有一定迭代能力 2. 加入版本号、设备类型等信息
	实施记录	1. 版本定义：长度：_____ 内容：_____ 定义依据：_____ 2. 设备类型定义：长度：_____ 内容：_____ 定义依据：_____

任务名称：典型 V2I 应用场景信息传递

项目		任务实施内容
任务目标		1. 正确使用工具软件和专用设备，搭建典型 V2I 应用场景的信息传递平台 2. 合理使用技术资料，设置典型 V2I 应用场景的通信内容，并进行信息传递 3. 培养团队合作精神和严谨细致的工作作风
任务准备	实施要点	1. 更换实训服，摘掉首饰，长发挽起固定于脑后 2. 准备工具：联网计算机、V2I 应用场景设备、纸、笔、特殊工具 3. 严禁非专业人员或无教师在场的情况下私自对部件进行操作
	实施记录	是否完成：□是　□否 特殊工具清单：
任务计划	根据任务目标，制订任务实施计划	

序号	作业项目	实施要点
1		
2		
3		
4		
5		

准备工作	实施要点	1. 检查 LTE-V2X 设备、配套设备是否齐全，外观是否正常 2. 将 SIM 卡插入 LTE-V2X 设备；然后将 12V 电源、USB-RS232 通信线接入 LTE-V2X 设备
	实施记录	1. LTE-V2X 设备是否具有主机 1 个：□是　□否　编码：_____ 外观是否有损伤：□是　□否，如有，位置是_____ 2. LTE-V2X 设备是否具有短棒天线 1 条：□是　□否

项目4 车联网关键场景应用

（续）

项目		任务实施内容
测试平台搭建	实施要点	1. 购买云服务器（如"阿里云"，原因是学校网络内的计算机，一般无法被互联网端的其他设备所直接访问，所以就需要使用能被外网访问的，具有互联网 IP 地址的计算机） 2. 对云服务器的信息进行获取和软件安装，含：①服务器"外网" IP 地址；②云服务器的计算机安装"TCP/UDP 测试工具" 3. 打开云服务器内的"TCP/UDP 测试工具"，并选择"服务器模式"，然后单击"创建服务器"（请选择 TCP 服务器，或默认），并设置端口号，如设置为"4001"，然后单击"确定"创建服务器；最后单击"启动服务器" 4. 等待"客户端"连接服务器（客户端即 LTE-V2X 通信设备） 5. 按照用户手册对 LTE-V2X 设备进行配置（配置完成后连接成功时 POWER 指示灯亮，STATE 指示灯几十秒后亮，LINK 指示灯在配置完成连接云服务器后亮） 6. 客户端连接服务器端（根据用户手册上的连接方法进行连接） 7. 测试平台是否连接，连接上后是否能发送数据（看服务器端是否有客户端加入，在服务器端的测试软件发送区域输入：123456，单击发送，查看客户端是否有数据接收）
	实施记录	1. 是否有云服务器：□是　□否，设备编码：_____ 2. 是否能连接：□是　□否，如能连接，位置是_____ 3. 是否有数据的传输：□是　□否，如否，问题是_____
基础设施交互信号定义	实施要点	1. 找出车与基础设施之间需要交互的信号 2. 对这些信号虚拟一个具体状态，并定义对应数值
	实施记录	1. 红绿灯坐标：_____ 经度信息：_____ 纬度信息：_____ 2. 红绿灯朝向：_____° 3. 直行/左转/右转/掉头红绿灯状态：红灯：_____，绿灯：_____，黄灯：_____，黄灯闪烁：_____ 4. 直行/左转/右转/掉头红绿灯时间：_____ s 5. 交通拥堵情况：_____ % 6. 交通拥堵方向：_____° 7. 事故状态：轻微：_____ 一般：_____ 较大：_____ 特大：_____ 8. 事故位置：_____ 经度信息：_____ 纬度信息：_____
交互信号填充	实施要点	1. 以尽量短的总信息长度，完成多个信号的组合 2. 可以做一定的保留设计，留足后期的修正、功能拓展空间
	实施记录	序列 | 1 | 2 | 3 | 4 | 5 | 6 | 7 | 8 1 2 3 4 5 6 ……

序列	1	2	3	4	5	6	7	8
1								
2								
3								
4								
5								
6								
……								

（续）

项目	任务实施内容	
通信测试与数据内容解析	实施要点	对模拟的基础设施状态信号进行传输测试，并对接收的数据进行解析
	实施记录	1. 检查客户端与服务器端是否连接：□是　□否，如果不能连接，则故障是：_____ 2. 在服务器端的 TCP/UDP 测试工具内，发送一组定义好的数据给车载终端（在此，LTE-V2X 设备模拟车载终端，服务器端模拟基础设施），注意发送信息的合理性 发送数据是_____，接收数据是_____ 3. 需要进行多次测试，第一次测试为通信功能验证测试，以后的测试为通信数据解析练习。第二次在数据发送时，发送的数据被重新定义，并且具体内容不公开；收到数据的客户端，对数据进行解析，解析完成后与发送方进行比对，验证解析数据的正确性 车载终端接收数据解析结果：_____

【质量评价】

	典型 V2I 应用场景的任务总结：					
任务总结	工作实施情况反思：					
	评价项目	评价标准	自评价	小组评价	教师评价	总体评价
质量评价	知识目标	在任务实施过程中，对学员关于 V2I 应用场景的知识目的掌握程度，进行优、良、中、差评价				
	能力目标	在任务实施过程中，根据学员是否能通过合理使用通用工具和专用仪器，查阅技术文件，装调、配置 V2I 应用场景的车联网系统硬件，解析报文，进行优、良、中、差评价				
	素养目标	在任务实施过程中，根据学员表现出的团队协作能力、科学探究精神和工匠精神，进行优、良、中、差评价				

【回顾思考】

一、填空题

1. V2I 通信,是指_____与_____进行通信,包括_____之间的信息交换和_____2 种情况。
2. V2I 应用场景,是指基于 V2I 技术实现的_____、_____和信息服务等各类车联网应用场景。
3. 交叉路口碰撞预警的英文全称是_____。
4. 道路危险状况提示 V2I 应用场景中,RSU 周期性广播道路危险信息的频率是_____Hz。

二、选择题

1. 以下哪个不是 V2I 应用场景?(　　)
   A. 左转辅助　　　　　　　　　　B. 变道预警
   C. 汽车近场支付　　　　　　　　D. 闯红灯预警
2. 以下哪个不是闯红灯预警 V2I 应用场景的数据交互需求?(　　)
   A. 车速　　　　　　　　　　　　B. 路口 ID
   C. 车道宽度　　　　　　　　　　D. 车道属性
3. 绿波车速引导 V2I 应用场景的定位精度需求为(　　)。
   A. ≤1.5m　　　　　　　　　　　B. ≤3m
   C. ≤5m　　　　　　　　　　　　D. ≤7.5m

三、判断题

1. V2I 通信的双方必然有一方是 RSU。　　　　　　　　　　　　　　　　(　　)
2. V2I 通信可以通过 PC5 接口,也可以通过 LTE 接口。　　　　　　　　　(　　)
3. 交叉路口碰撞预警的 V2I 应用场景有助于减少交叉路口的信号灯控制。(　　)
4. 协作式车辆汇入是 V2V 应用场景。　　　　　　　　　　　　　　　　　(　　)

四、简答题

1. 为什么 V2I 应用场景的主车车速范围通常小于 V2V 应用场景?
2. 列举 V2I 应用场景名称?
3. 为什么绿波车速引导 V2I 应用场景的车速范围小于 70km/h?

任务 3　V2P 场景应用

【情景导入】

2021 年 11 月,北京成为国内首个许可 Robotaxi(自动驾驶出租车)商业化的试点城市,百度 Apollo 的"萝卜快跑"和小马智行成为首批获许试点运营的企业。在试点的北京亦庄核心区域 60km² 的范围内,乘客使用手机 APP 应用就可以实现自动叫车、自动驾驶、自动结算费用等服务,一年内提供了超过 8 万人次的服务。

【任务目标】

知识目标：

1. 了解典型 V2P 应用场景的相关标准。
2. 理解典型 V2P 应用场景的数据交互需求。

能力目标：

1. 掌握 V2P 数据帧读取方法，能解析典型 V2P 报文。
2. 具备查阅技术文件，配置、传递 V2P 数据帧，实现典型 V2P 应用场景的能力。
3. 具备《智能汽车大数据管理与应用》职业技能等级标准中的车端、路端工作领域系统集成应用的相关能力。

素养目标：

1. 培养团队协作的能力。
2. 培养科学探究精神和严谨的工匠精神。
3. 培养爱国主义情怀和民族自信。

【知识准备】

一、V2P 应用场景

V2P 通信是指车载设备与弱势交通群体（包括行人、骑行者等）使用用户设备（如智能手机、可穿戴设备、自行车 GPS 信号仪等）进行通信。V2P 应用场景是指基于 V2P 技术实现的车联网应用场景，主要包括行人碰撞警告、道路安全警告、交通弱势群体安全应用、智能钥匙应用、位置信息服务等。

V2P 应用场景如图 4-25 所示。目前 V2P 的应用场景较少，主要挑战在于弱势道路使用者的终端，对于非车辆用户终端，可以引入新型终端，也可以利用现有移动终端通过网络通知行人或车辆，并且 V2P 对终端耗电更敏感。传输含 V2P 应用信息的数据需要用户从网络

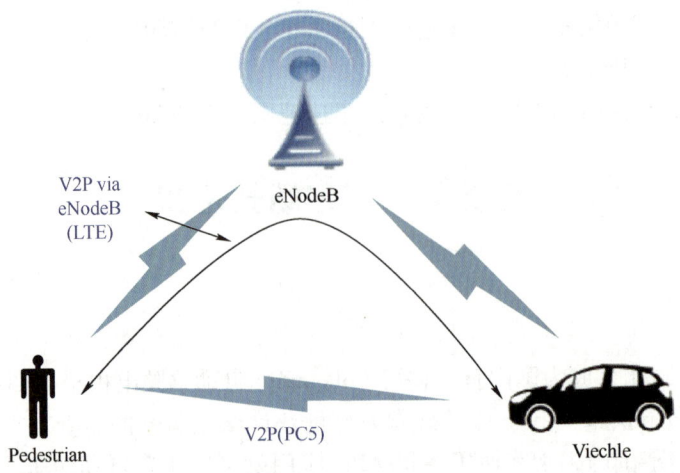

图 4-25　LTE-V2X 的 V2P 应用场景

运营商外获得授权，V2P 发送应用层信息，由车辆广播给行人（警告行人）或由行人广播给车辆（警告车辆）。

V2P 与 V2V 应用信息的不同主要在于用户的属性。限制 V2P 场景发展的主要因素有：一是定位精度不足，LTE 网络采用的定位算法现阶段的精确度只能达到米级，但在车联网通信中由于涉及安全问题，对定位精度有着更高的要求。二是网络时延过大，经过 LTE 网络的传送时延，车与人之间的通信可能达到十几毫秒甚至几十毫秒时延，当车辆快速移动时，对时延的要求会更高。同时，由于车辆自身配置的增强，安装在车辆上的自动感知系统将更适于探索车辆周围空间的信息，从而做出快速反应，未来车辆对弱势道路使用者的感知可以综合基于 LTE 的 V2P 场景以及车辆上的自动感知系统获得信息，做出更准确、更迅速的判断。

二、弱势交通参与者碰撞预警 V2P\V2I 应用场景

弱势交通参与者碰撞预警（Vulnerable Road User Collision Warning，VRUCW），是指主车（HV）在行驶中，与周边行人（P）（含义拓展为广义上的弱势交通参与者，包括行人、自行车、电动自行车等，以下描述以行人为例）存在碰撞危险时，VRUCW 应用将对车辆驾驶人进行预警，也可对行人进行预警，辅助驾驶人避免或减轻与侧向行人碰撞，提高车辆及行人通行安全。

1. 主要场景

（1）HV 行进时行人（P）从侧前方出现　如图 4-26 所示，HV 在行进时，P 从侧前方出现，HV 的视线可能被出现在路边的 RV 所遮挡；HV 和 P 需具备短程无线通信能力，RV 是否具备短程无线通信能力不影响应用场景的有效性；HV 接近 P 时，如果检测到可能发生碰撞的危险，VRUCW 应用会对 HV 驾驶人发出预警，同时也可对 P 发出预警，提醒驾驶人与侧向 P 存在碰撞危险；预警时机需确保 HV 驾驶人收到预警后，能有足够时间采取措施，避免与 P 发生碰撞。

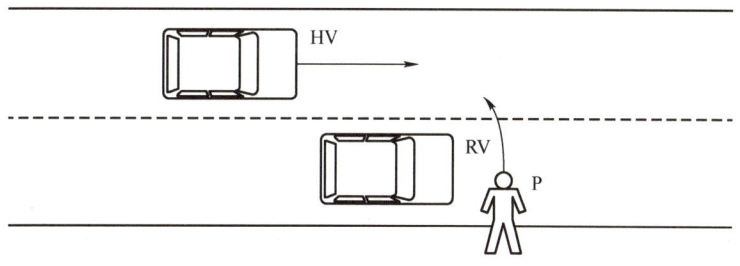

图 4-26　VRUCW：HV 行进时 P 从侧前方出现

（2）HV 倒车预警　如图 4-27 所示，HV 在倒车时，P 从 HV 侧后方出现，HV 的视线可能被两侧车辆遮挡，也可能由于是盲区等原因，使得 HV 的驾驶人不能及时发现；HV 和 P 需具备短程无线通信能力，周边 RV 是否具备该能力不影响预警效果；HV 接近 P 时，如果检测到可能存在碰撞的危险，VRUCW 应用会对 HV 驾驶人发出预警，也可以同时对 P 发出预警，提醒驾驶人这一危险；预警时机需确保 HV 驾驶人收到预警后，能有足够时间采取措施，避免与 P 发生碰撞。

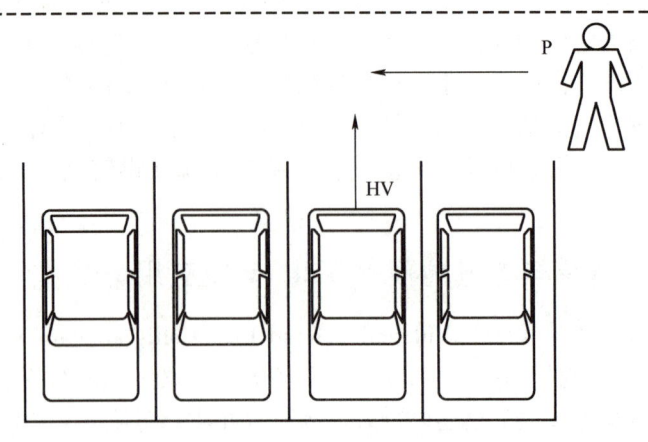

图 4-27 VRUCW：HV 倒车预警

（3）通过路侧设备检测行人并对车辆预警 在场景（1）（2）的基础上，如果 P 不具备通信能力，路侧设备可通过摄像头、微波雷达等传感器检测周边行人，并广播行人的相关信息，VRUCW 应用将对可能发生碰撞的车辆驾驶人发出预警。

2. 系统基本原理

VRUCW 基本工作原理如下：

1）HV 分析接收到的行人（P）消息，筛选出与车辆行驶方向上可能发生冲突的行人。

2）进一步筛选处于一定距离或者时间范围内的行人作为潜在威胁行人。

3）计算与每一个（或者成组）行人的碰撞时间（Time-To-Collision，TTC），筛选出存在碰撞威胁的行人。

4）若存在多个威胁行人（或行人组），则筛选出最紧急的威胁行人（或行人组）。

5）系统对 HV 驾驶人进行相应的碰撞预警。

3. 通信方式

HV 和 P 需具备短程无线通信能力，车辆信息通过短程无线通信在 HV 和 P 之间传递（V2P）；或利用路侧感知系统对行人信息进行感知，通过路侧设备发给车辆（V2I）。

4. 基本性能要求

1）主车车速范围为 0~70km/h。

2）通信距离≥150m。

3）数据更新频率为 5Hz。

4）系统延迟≤100ms。

5）定位精度≤5m。

5. 数据交互需求

VRUCW 数据交互需求见表 4-10~表 4-12。

表 4-10　VRUCW 数据交互需求（车辆数据）

数据	单位	备注	数据	单位	备注
时刻	ms	—	位置（经纬度）	deg	—
位置（海拔）	m	—	车头方向角	deg	—
车体尺寸（长、宽）	m	—	速度	m/s	—
纵向加速度	m/s^2	—	横摆角速度	deg/s	—
驾驶行为类型	—	ENUM	质量	kg	—
车辆类型	—	ENUM	历史路径	—	SEQUENCE
路径预测	—	SEQUENCE	事件类型	—	INTEGER

表 4-11　VRUCW 数据交互需求（行人数据）

数据	单位	备注
时刻	ms	—
位置（经纬度）	deg	—
位置（海拔）	m	—
行进方向角	deg	—
速度	m/s	—
基本类型	—	ENUM；行人、自行车、道路工作者、动物等
四维加速度	—	—
历史路径	—	SEQUENCE
路径预测	—	SEQUENCE
动力	—	STRING；人力、动物、电动等
使用状态	—	STRING；打字、听音乐、打电话、阅读等
人群	—	STRING
人群半径	m	—
职业类型	—	ENUM；拖车人员、救火人员、急救人员等
道路工作人员类型	—	STRING
行为被辅助类型	—	STRING；视力、听力、行动、认知等
通过街道请求	—	BOOLEAN
通过街道状态	—	BOOLEAN
用户身材	—	STRING
其他个人信息	—	—

注：V2P 场景，数据信息由 P 主动发出。

表 4-12　VRUCW 数据交互需求（路侧数据）

数据	单位	备注
时刻	ms	—
行人位置（经纬度）	deg	—
行人位置（海拔）	m	—
行人行进方向角	deg	—
行人速度	m/s	—
基本类型	—	ENUM；行人、自行车、道路工作者、动物等
消息总数	—	N/A
行人四维加速度	—	N/A
历史路径	—	SEQUENCE
路径预测	—	SEQUENCE
动力	—	STRING；人力、动物、电动等
使用状态	—	STRING；打字、听音乐、打电话、阅读等
人群	—	STRING
人群半径	m	—
通过街道请求	—	BOOLEAN
通过街道状态	—	BOOLEAN
用户身材	—	STRING
其他个人信息	—	—

注：V2I 场景，数据信息由路侧设备（I）检测并发出。

三、弱势交通参与者安全通行 V2P 应用场景

弱势交通参与者安全通行（Vulnerable Road User Safe Participants，VRUSP）是指弱势交通参与者依靠自身具有无线通信能力的设备，实时发送其自身信息和运动状态等基础安全消息，同时接收周围车辆的安全消息，支持车辆对弱势交通参与者的潜在碰撞风险预警，以及弱势交通参与者对车辆的潜在碰撞风险预警。

车辆（EV）既能够基于 VRU 的消息对潜在碰撞进行风险判定、预警或自主避让；VRU 也能够基于车辆的 BSM，对碰撞进行判定，并以恰当方式预警，从而保障弱势交通参与者的安全通行。

1. 主要场景

车辆（EV）正在行驶过程中，EV 和 VRU 之间的视线被遮挡或 VRU 位于 EV 的视觉盲

区；VRU 类型已知（行人、自行车、电动车、摩托车等），EV 和 VRU 具备无线通信能力；VRU 装配的通信设备周期性地向周围车辆广播自身消息，同时也接收周围 EV 广播的 BSM；周围车辆（EV）接收到 VRU 信息后，结合自身行驶状态信息（包括自身位置、速度、安全制动距离、车道信息、路况信息等）判断 EV 的运动轨迹和 VRU 的运动轨迹是否处于碰撞行驶线上，或者前方 VRU 是否可能会对 EV 行车造成影响，如果是，则对 EV 进行 VRU 警告或调整自身驾驶行为；VRU 接收到 EV 的消息后，结合自身运动状态信息，判断与 EV 是否有潜在的碰撞风险，如果是，则对 VRU 进行恰当方式的预警。VRU 在道路上的场景和 VRU 借道而行的场景分别如图 4-28 和图 4-29 所示。

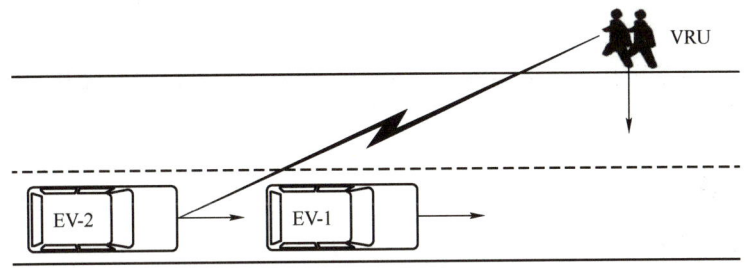

图 4-28　VRU 在道路上的场景

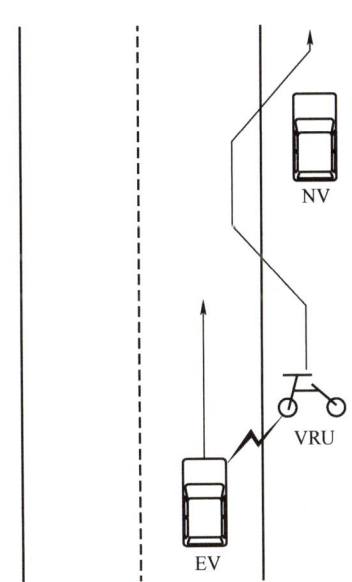

图 4-29　VRU 借道而行的场景

EV—装载通信系统的车辆（Equipped Vehicle）　NV—未装载通信系统的普通车辆（Normal Vehicle）

2. 系统基本原理

VRUSP 基本工作原理如下：

1) VRU 将自身基本信息 [包括当前时刻、VRU 位置、VRU 类型、VRU 行进方向、VRU 行进速度、速度精确度、VRU 行为状态（打电话、听音乐、阅读、写字等）、VRU 身份信息（道路维护人员、事故救援人员、交通管理人员等）、VRU 健康状态（视觉障碍、听觉障碍、行动障碍、精神障碍等）、历史轨迹以及通过街道指示信息（VRU 可以和发送设备进行人机交互设置该信息，或者由发送设备根据 VRU 历史轨迹、导航路径等推测得出）]发送给周围车辆。

2）车辆分析接收到的 VRU 消息，通过自身运动信息、轨迹和 VRU 的运动轨迹，判断是否有潜在的碰撞风险。

3）车辆通过 HMI 对车辆驾驶人进行 VRU 碰撞预警或 VRU 靠近警示，或直接调整自身驾驶行为。

4）VRU 分析接收到的 EV 消息，通过自身运动信息、轨迹和 EV 的运动轨迹，判断是否有潜在的碰撞风险，通过声音、震动等方式，对 VRU 进行预警提示。

3. 通信方式

EV 和 VRU 需具备短程无线通信能力，采用广播的方式进行信息交互，应用触发期间周期性发送。

4. 基本性能要求

1）VRU 速度范围为 0~25km/h。

2）通信距离≥200m。

3）数据更新频率为 10Hz。

4）系统延迟≤100ms。

5）水平方向精度≤1m。

5. 数据交互需求

VRUSP 数据交互需求见表 4-13。

表 4-13　VRUSP 数据交互需求

数据	单位	备注
时刻	ms	消息发送时刻
时间置信度	—	—
VRU 标识 ID	—	临时 ID
位置	deg	—
位置精度	—	—
行人行进方向角	deg	—
行人速度	m/s	—
四轴加速度	m/s^2	—
历史路径	—	SEQUENCE
路径预测	—	SEQUENCE
VRU 区域半径	m	当检测到 VRU 数量多于 1 个时，表示 VRU 所在区域的半径，用于提醒周边车辆可能发生碰撞的范围。如果区域内 VRU 速度不同，则"行进方向角""行人速度"需要表示为无效值

项目 4 车联网关键场景应用

（续）

数据	单位	备注
非机动车扩展信息（如果目标是非机动车）		
参与者半径	m	—
参与者基本类型	—	STRING；未知、行人、自行车、道路工人、动物等
参与者动力信息	—	—
聚集的参与者数量	—	小（2~5）、中（6~10）、大（>10）
参与者附属物类型	—	STRING；不可用、婴儿车、自行车、拖车、手拉车、轮椅、宠物等
行人参与者扩展信息	—	STRING；设备使用状态、个人辅助信息等
道路工作者扩展信息	—	STRING；工作类型、活动状态等
行人请求信息	—	STRING；穿越道路等

【任务实施】

任务名称：典型 V2P 应用场景报文定义		
项目	任务实施内容	
任务目标	1. 正确使用工具软件和专用设备，读取典型 V2I 应用场景的通信报文 2. 合理使用技术资料，解读典型 V2P 应用场景的通信报文含义 3. 培养团队合作精神和严谨细致的工作作风	
任务准备	实施要点	1. 更换实训服，摘掉首饰，长发挽起固定于脑后 2. 准备工具：联网计算机、V2P 应用场景设备、纸、笔、特殊工具 3. 严禁非专业人员或无教师在场的情况下私自对部件进行操作
	实施记录	是否完成：□是 □否 特殊工具清单：
任务计划	根据任务目标，制订任务实施计划	

序号	作业项目	实施要点
1		
2		
3		
4		
5		

147

（续）

项目		任务实施内容
行人交互信号内容	实施要点	1. 罗列出车与行人之间（V2P）需要通信的信号内容 2. 因为车辆的内容之前已定义，本任务只定义行人的内容 3. 行人轨迹预判交给车辆端处理（如通过持续接收位置+方向进行预判）
	实施记录	基础设施： 1. 是否有行人坐标信息： □是 □否 2. 是否有行人速度信息： □是 □否 3. 是否有行人运行方向预判信息：□是 □否 4. 其他内容：_____ V2P 应用场景的报文编制与传输
交互信号表达方式	实施要点	1. 将需要通信的信号进行定义 2. 确定信息的大小（长度、位数）、单位、运算方式（类型、偏移量、比例等）、解析方法等
	实施记录	1. 行人坐标信息：长度：_____ 单位：_____ 其他：_____ 2. 行人速度信息：长度：_____ 单位：_____ 其他：_____ 3. 行人运行方向预判信息：长度：_____ 单位：_____ 其他：_____ 4. 其他未定义信息：长度：_____ 单位：_____ 其他：_____
交互信号组合	实施要点	1. 以尽量短的总信息长度，完成多个信号的组合 2. 可以做一定的保留设计，留足后期的修正、功能拓展空间
	实施记录	位序 | 1 | 2 | 3 | 4 | 5 | 6 | 7 | 8 1B 2B 3B 4B 5B 6B ……
可靠性定义	实施要点	1. 使通信数据更可靠，更具有可行性、容错能力等 2. 加入帧头、帧尾、校验、加密等内容
	实施记录	1. 帧头定义：长度：_____ 内容：_____ 定义依据：_____ 2. 帧尾定义：长度：_____ 内容：_____ 定义依据：_____ 3. 校验定义：_____ 4. 加密方式：_____

项目4　车联网关键场景应用

（续）

项目		任务实施内容
通用性定义	实施要点	1. 使通信协议能实现新、旧版本兼容，并做到有一定迭代能力 2. 加入版本号、设备类型等信息
	实施记录	1. 版本定义：长度：_____　内容：_____ 定义依据：_____ 2. 设备类型定义：长度：_____　内容：_____ 定义依据：_____

任务名称：典型 V2P 应用场景信息传递		
项目		任务实施内容
任务目标		1. 正确使用工具软件和专用设备，搭建典型 V2P 应用场景的信息传递平台 2. 合理使用技术资料，设置典型 V2P 应用场景的通信内容，并进行信息传递 3. 培养团队合作精神和严谨细致的工作作风
任务准备	实施要点	1. 更换实训服，摘掉首饰，长发挽起固定于脑后 2. 准备工具：联网计算机、V2P 应用场景设备、纸、笔、特殊工具 3. 严禁非专业人员或无教师在场的情况下私自对部件进行操作
	实施记录	是否完成：□是　□否 特殊工具清单：_____
任务计划	根据任务目标，制订任务实施计划	

序号	作业项目	实施要点
1		
2		
3		
4		
5		

准备工作	实施要点	1. 检查 TLE-V2X 设备、配套设备是否齐全，外观是否正常 2. 将 SIM 卡插入 TLE-V2X 设备；然后将 12V 电源、USB-RS232 通信线接入 TLE-V2X 设备 注意：由于手机 APP 的特殊性，不方便设计、安装、应用，也不方便查看底层信号组成，所以在此用 TLE-V2X 设备模拟行人的手机，发送行人需要共享的信号
	实施记录	1. LTE-V2X 设备是否具有主机 1 个：□是　□否　编码：_____ 外观是否有损伤：□是　□否，如有，位置是_____ 2. LTE-V2X 设备是否具有短棒天线 1 条：□是　□否

(续)

项目		任务实施内容
测试平台搭建	实施要点	1. 购买云服务器（如"阿里云"，原因是学校网络内的计算机，一般无法被互联网端的其他设备所直接访问，所以就需要使用能被外网访问的，具有互联网 IP 地址的计算机） 2. 对云服务器的信息进行获取和软件安装，含：①服务器"外网"IP 地址；②云服务器的计算机安装"TCP/UDP 测试工具" 3. 打开云服务器内的"TCP/UDP 测试工具"，并选择"服务器模式"，然后单击"创建服务器"（请选择 TCP 服务器，或默认），并设置端口号，如设置为"4001"，然后单击"确定"创建服务器；最后单击"启动服务器" 4. 等待"客户端"连接服务器（客户端即 LTE-V2X 通信设备） 5. 按照用户手册对 LTE-V2X 设备进行配置（配置完成后连接成功时 POWER 指示灯亮，STATE 指示灯几十秒后亮，LINK 指示灯在配置完成连接云服务器后亮） 6. 客户端连接服务器端（根据用户手册上的连接方法进行连接） 7. 测试平台是否连接，连接上后是否能发送数据（查看服务器端是否有客户端加入，并在客户端的数据发送区域输入：123456，单击发送，查看服务器端是否有接收到该数据）
	实施记录	1. 是否有云服务器：□是　□否 设备编码：_____ 2. 是否能连接：□是　□否，如能连接，位置是_____ 3. 是否有数据的传输：□是　□否，如否，问题是_____
行人交互信号定义	实施要点	1. 找出行人与车辆之间需要交互的信号 2. 对这些信号虚拟一个具体状态，并定义对应数值
	实施记录	1. 行人坐标：_____ 经度信息：_____ 纬度信息：_____ 2. 行人速度：_____ km/h 3. 行人运动方向预判：_____ deg
交互信号填充	实施要点	将虚拟的信号数值，根据定义的通信协议，填入通信数据表内；模拟人可能会出现的状况
	实施记录	位序 | 1 | 2 | 3 | 4 | 5 | 6 | 7 | 8 第1字节 第2字节 第3字节 第4字节 第5字节 第6字节 ……

（续）

项目		任务实施内容
通信测试与数据内容解析	实施要点	对模拟行人的状态数据进行传输测试，并对接收的数据进行解析
	实施记录	1. 检查客户端与服务器端是否连接：□是　□否 如果不能连接，则故障是：_____ 2. 在客户端的测试软件发送区域内，发送一组定义好的虚拟数据给服务端（客户端模拟的是行人，服务器端模拟的是一辆车），注意数据的合理性 发送数据是_____，接收数据是_____ 3. 需要进行多次测试，第一次测试为通信功能验证测试，以后的测试为通信数据解析练习。第二次在数据发送时，发送的数据被重新定义，并且具体内容不公开；收到数据的客户端，对数据进行解析，解析完成后与发送方进行比对，验证解析数据的正确性 车载终端接收的数据解析结果：_____ _____ _____

【质量评价】

任务总结	典型 V2P 应用场景的任务总结： 工作实施情况反思：

	评价项目	评价标准	自评价	小组评价	教师评价	总体评价
质量评价	知识目标	在任务实施过程中，对学员关于 V2P 应用场景的知识的掌握程度，进行优、良、中、差评价				
	能力目标	在任务实施过程中，根据学员是否能通过合理使用通用工具和专用仪器，查阅技术文件，装调、配置 V2P 应用场景的车联网系统硬件，解析报文，进行优、良、中、差评价				
	素养目标	在任务实施过程中，根据学员表现出的团队协作能力、科学探究精神和工匠精神，进行优、良、中、差评价				

【回顾思考】

一、填空题

1. V2P 的英文全称是_____。
2. V2P 通信是指_____与_____之间的信息交互。
3. V2P 的典型应用场景，主要有_____、_____、_____、_____和位置信息服务等。
4. 交叉路口碰撞预警的英文全称是_____。
5. 3GPP 组织 C-V2X 标准的_____版本研究了交通弱势群体安全 V2P 应用场景。

二、选择题

1. 以下哪个不是弱势交通参与者碰撞预警应用场景的参与者？（　　）
   A. 主车　　　　　　　　　　　　B. 远车
   C. 行人　　　　　　　　　　　　D. 自行车
2. 弱势交通参与者碰撞预警应用场景，主车车速范围是（　　）。
   A. 0～70km/h　　　　　　　　　B. 0～90km/h
   C. 0～100km/h　　　　　　　　 D. 0～120km/h
3. 弱势交通参与者安全通行应用场景，弱势交通参与者的速度范围是（　　）。
   A. 0～25km/h　　　　　　　　　B. 0～30km/h
   C. 0～60km/h　　　　　　　　　D. 0～100km/h

三、判断题

1. 弱势交通参与者碰撞预警应用场景，HV 行进时行人（P）从侧前方出现，HV 的视线被在路边的 RV 所遮挡，RV 是否具备短程无线通信能力不影响应用场景的有效性。（　　）
2. 弱势交通参与者碰撞预警应用场景，如果存在碰撞危险，应用将同时对驾驶人和行人预警。（　　）
3. 弱势交通参与者安全通行应用场景，弱势交通参与者采用广播的方式进行信息交互。（　　）
4. 弱势交通参与者安全通行应用场景，在碰撞危险情况下，应用可以直接调整车辆驾驶行为。（　　）

四、简答题

1. 为什么目前 V2P 应用场景的数量较少？
2. 为什么弱势交通参与者碰撞预警应用场景的数据交互需求包括车辆、行人、路侧三方？

任务 4　V2N 场景应用

【情景导入】

2021 年 10 月 31 日，蔚来汽车发布 FOTA 三周年成绩单，2018 年～2021 年共发布了 68

个版本，涉及 182 项功能新增、376 项功能优化，累计推送超过 1000000 车次。蔚来依靠自主研发的域控制器，可以对整车超过 35 个电控单元实行固件升级，打造"可进化"的汽车，持续提高用户体验。

【任务目标】

知识目标：
1. 了解 V2N 应用场景的概况。
2. 理解 V2N 应用场景的数据交互需求。

能力目标：
1. 掌握 V2N 数据帧读取方法，能解析典型 V2N 报文。
2. 具备查阅技术文件，配置、传递 V2N 数据帧，实现典型 V2N 应用场景的能力。
3. 具备《智能汽车大数据管理与应用》职业技能等级标准中的车端、路端工作领域系统集成应用的相关能力。

素养目标：
1. 培养团队协作的能力。
2. 培养科学探究精神和严谨的工匠精神。
3. 培养爱国主义情怀和民族自信。

【知识准备】

一、V2N 应用场景

V2N（Vehicle to Network）或 V2C（Vehicle to Cloud）通信是指车辆中车载设备通过网络与云平台连接，云平台与车辆之间进行数据交互，并对获取的数据进行存储和处理，提供远程交通信息推送、娱乐、商务服务和车辆管理等。V2N 应用场景，是指通过 C-V2X 技术实现车辆导航、车辆远程监控、紧急救援、信息娱乐服务和 SOTA、FOTA 服务等。

V2N 应用场景如图 4-30 所示。V2N 一方为终端，一方为服务实体，它与 V2I 的主要区别在于 V2N 的双方通过 LTE 网络进行相互沟通。V2N 可利用现有运营商的 LTE 网络，将车辆或用户数据发送至网络，再通过 LTE 网络将反馈数据发送至车辆或用户终端。此类通信应用也正是目前运营商在现阶段车联网市场中最主要的业务应用，未来该场景会通过组播技术以及支持多运营商的能力进一步提升网络承载能力与效率。由于 V2N 场景能产生大量的数据流量以及附加值高的应用，运营商更聚焦在此类场景应用上。

二、道路收费服务 V2P 应用场景

道路收费服务（Road Toll Service，RTS），是指车辆行进到城市道路或高速公路的收费区域时，车辆接收路侧发布的收费信息，并通过车路交互完成缴费业务，包括开放式收费（如过路桥收费、拥堵收费）、区域式收费（如高速路段收费、停车场收费）。RTS 应用通过车载终端与路侧单元的数据交互，在保证支付安全的条件下减少付费时间，有效提高了付费成功率和车辆通行效率。

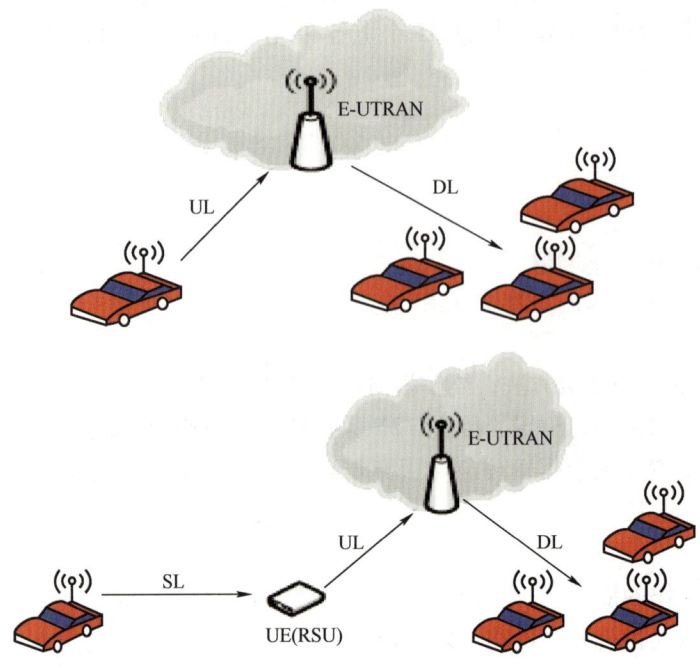

图 4-30 LTE-V2X 的 V2N 应用场景

1. 主要场景

在道路收费服务场景下有两种安全模式,系统可以通过任意一种安全模式,完成收费服务过程。

1) 安全模式 1:利用基于 LTE 的车联网无线通信安全证书管理系统,实现车端和路端的身份认证,从而实现收费和支付过程。

2) 安全模式 2:利用现行的电子不停车收费(ETC)系统的安全机制,参考 GB/T 20851.4—2019,在应用层实现访问许可、信息鉴别、加密保护,从而实现收费和支付过程。

(1) 开放式道路收费(单次通道收费)服务

1) RSU 对外广播道路收费服务信息,包括支持的收费服务列表及对应的收费信息等。

2) 车辆(EV)在进入收费区域,收到 RSU 广播的收费服务信息后,确定交互的安全模式和收费服务类型。

① 对于安全模式 1:EV 将收费服务类型、系统信息、车辆信息等发送给 RSU。

② 对于安全模式 2:EV 首先将从电子安全模块(ESAM)读取的系统信息和随机数发送给 RSU;RSU 根据系统信息和随机数生成访问许可,发送至 EV;EV 收到后验证访问许可的有效性,通过后将车辆信息等发送至 RSU。

3) RSU 通过与收费系统交互获取交易信息,并将交易信息和站点信息等发送给 EV。

安全模式 2:消息需附带从身份验证模块(PSAM)读取的随机数和用于信息鉴别的密钥版本信息。

4) EV 记录站点信息,并根据消费信息生成收费交易凭证。

① 安全模式 1:将交易凭证携带的支付账户信息发送给 RSU。

② 安全模式 2：将交易凭证携带的用于鉴别文件真实性的信息鉴别码发送给 RSU。
5）RSU 向 EV 发送交易结果和通行提示，如图 4-31 所示。

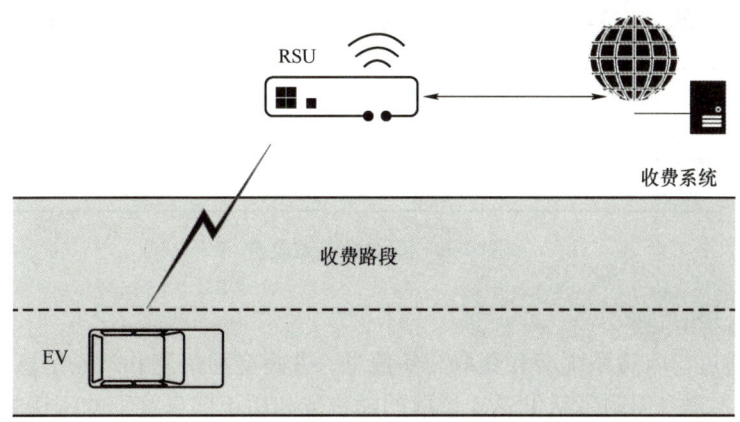

图 4-31 RSU 向 EV 发送交易结果和通行提示

（2）区域式道路（如高速公路）收费服务 如图 4-32 所示，场景描述如下：
1）车辆驶入收费入口场景。
① RSU-1 对外广播道路收费服务信息，包括支持的收费服务列表及对应的收费信息等。
② 车辆（EV）在进入收费入口区域，收到 RSU-1 广播的收费服务信息后，确定交互的安全模式和收费服务类型。
安全模式 1：EV 将收费服务类型、系统信息、车辆信息等发送给 RSU-1。
安全模式 2：EV 首先将从 ESAM 读取的系统信息和随机数发送给 RSU-1；RSU-1 根据系统信息和随机数生成访问许可，发送至 EV；EV 收到后验证访问许可的有效性，通过后将车辆信息等发送至 RSU-1。
③ RSU-1 通过与收费系统交互获取交易信息，并将交易信息和站点信息等发送给 EV。
安全模式 2：消息需附带从 PSAM 读取的随机数和用于信息鉴别的密钥版本信息。
④ EV 记录站点信息，并根据消费信息生成收费交易凭证。
安全模式 1：将交易凭证携带的支付账户信息发送给 RSU。
安全模式 2：将交易凭证携带的用于鉴别文件真实性的信息鉴别码发送给 RSU。
⑤ RSU-1 向 EV 发送交易结果（入口处不一定进行费用结算）和驶入提示。
2）车辆驶出收费出口/经过分段结算区场景。
① RSU-2 对外广播道路收费服务信息，包括支持的收费服务列表及对应的收费信息等。
② 车辆（EV）在进入收费区域，收到 RSU-2 广播的收费服务信息后，确定交互的安全模式和收费服务类型。
安全模式 1：EV 将收费服务类型、系统信息、车辆信息、过站信息等发送给 RSU-2。
安全模式 2：EV 首先将从 ESAM 读取的系统信息和随机数发送给 RSU-2；RSU-2 根据系统信息和随机数生成访问许可，发送至 EV；EV 收到后验证访问许可的有效性，通过后将车

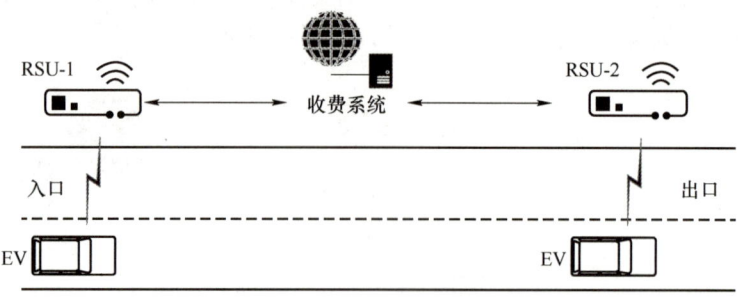

图 4-32 区域式道路收费

辆信息等发送至 RSU-2。

③ RSU-2 通过与收费系统交互获取交易信息，并将交易信息和站点信息等发送给 EV。

安全模式 2：消息需附带从 PSAM 读取的随机数和用于信息鉴别的密钥版本信息。

④ EV 记录站点信息，并根据消费信息生成收费交易凭证。

安全模式 1：将交易凭证携带的支付账户信息发送给 RSU。

安全模式 2：将交易凭证携带的用于鉴别文件真实性的信息鉴别码发送给 RSU。

⑤ RSU-2 向 EV 发送交易结果和驶出提示。

2. 通信方式

车辆 EV 与 RSU 之间以单播/广播方式进行信息交互；RSU 周期性广播道路收费消息。

3. 系统基本原理

1）PSAM 和 ESAM 分别为嵌入 RSU 和 OBU 的安全控制模块，并存储终端收费业务的应用数据。

2）OBU 需验证 RSU 的访问权限，RSU 需鉴别 OBU 写入 ESAM 信息的合法性。

4. 基本性能要求

1）车速范围为 0~120km/h。

2）通信距离 ≥200m。

3）数据通信频率（应用触发期间）：RSU 道路收费信息 ≥1Hz，OBU 交互信息 ≥10Hz（5s 内收到回复为止）。

4）应用层端到端时延 ≤100ms。

5）水平方向精度 ≤0.5m。

5. 数据交互需求

道路收费服务场景数据交互需求见表 4-14。

表 4-14 道路收费服务场景数据交互需求

数据	备注
时刻	消息发送时刻
路侧 ID	—
收费类型	—

项目 4　车联网关键场景应用

（续）

数据	备注
收费站位置	参考位置
收费路段	—
收费价格	预计收费价格
收费时间	收费起始时间、结束时间
车辆信息	包括车型、车辆尺寸、车辆标识、车轮数、车轴数、轴距、载重等
系统信息	发行方签约信息，包括服务提供商名称、协约类型、合同版本、合同序列号、合同签署日期等
过站信息	收费站点信息
交易信息	包括交易金额、交易类型、交易编号、交易时间等
支付账户信息	—

【任务实施】

任务名称：典型 V2N 应用场景报文解析			
项目	任务实施内容		
任务目标	1. 正确使用工具软件和专用设备，读取典型 V2N 应用场景的通信报文 2. 合理使用技术资料，解读典型 V2N 应用场景的通信报文含义 3. 培养团队合作精神和严谨细致的工作作风		
任务准备	实施要点	1. 更换实训服，摘掉首饰，长发挽起固定于脑后 2. 准备工具：联网计算机、V2N 应用场景设备、纸、笔、特殊工具 3. 严禁非专业人员或无教师在场的情况下私自对部件进行操作	
	实施记录	是否完成：□是　□否 特殊工具清单：	
任务计划	根据任务目标，制订任务实施计划		
	序号	作业项目	实施要点
	1		
	2		
	3		
	4		
	5		

157

（续）

项目		任务实施内容
交互信号内容	实施要点	1. 列出车与互联网之间（V2N）需要通信的信号内容 2. 因为车辆的内容之前已定义一部分，暂时只定义互联网需要的车的信息 3. "其他内容"部分，可以参考联网导航系统的消费引导功能设置适当的交互信息 4. 互联网端提供服务信息，实现与车的交互，包括故障诊断与消费引导等
	实施记录	车辆端： 1. 是否有车辆故障信息： □是 □否 2. 是否有车辆数据流信息： □是 □否 3. 是否有车辆执行器测试信息： □是 □否 4. 其他内容：_____ 互联网端： 1. 是否读取故障码： □是 □否 2. 是否读取数据流： □是 □否 3. 是否测试执行器： □是 □否 4. 是否清除故障码： □是 □否 5. 是否远程开启空调： □是 □否 6. 是否远程开启应急灯： □是 □否 7. 是否远程解锁/闭锁： □是 □否 8. 是否远程升窗/降窗： □是 □否 9. 是否设定空调温度/模式： □是 □否 10. 其他内容：_____ V2N 应用场景的报文编制与传输
车辆与互联网交互信号表达方式	实施要点	1. 将需要通信的信号进行定义 2. 确定信息的大小（长度、位数）、单位、运算方式（类型、偏移量、比例等）、解析方法等
	实施记录	车辆端（新增内容）： 1. 车辆故障信息数据包：_____（需定义故障数量、原始故障码） 2. 车辆数据流信息数据包：_____（根据互联网端信息进行答复） 3. 车辆执行器测试数据包：_____（根据互联网端信息进行答复） 其他内容：_____ 互联网端： 1. 读取故障码数据包：_____ 2. 读取数据流数据包：_____ 3. 执行器测试数据包：_____ 4. 清除故障码数据包：_____ 5. 远程解锁/闭锁数据包：长度：_____ 单位：_____ 其他：_____ 6. 远程升窗/降窗数据包：长度：_____ 单位：_____ 其他：_____ 7. 远程开启空调数据包：长度：_____ 单位：_____ 其他：_____ 8. 空调温度/模式设定数据包：长度：_____ 单位：_____ 其他：_____ 9. 远程开启应急灯数据包：长度：_____ 单位：_____ 其他：_____ 10. 其他内容：_____

（续）

项目		任务实施内容
交互信号组合	实施要点	1. 以尽量短的总信息长度，完成多个信号的组合 2. 可以做一定的保留设计，留足后期的修正、功能拓展空间
	实施记录	<table><tr><td>位序</td><td>1</td><td>2</td><td>3</td><td>4</td><td>5</td><td>6</td><td>7</td><td>8</td></tr><tr><td>1B</td><td></td><td></td><td></td><td></td><td></td><td></td><td></td><td></td></tr><tr><td>2B</td><td></td><td></td><td></td><td></td><td></td><td></td><td></td><td></td></tr><tr><td>3B</td><td></td><td></td><td></td><td></td><td></td><td></td><td></td><td></td></tr><tr><td>4B</td><td></td><td></td><td></td><td></td><td></td><td></td><td></td><td></td></tr><tr><td>5B</td><td></td><td></td><td></td><td></td><td></td><td></td><td></td><td></td></tr><tr><td>6B</td><td></td><td></td><td></td><td></td><td></td><td></td><td></td><td></td></tr><tr><td>……</td><td></td><td></td><td></td><td></td><td></td><td></td><td></td><td></td></tr></table>
可靠性定义	实施要点	1. 使通信数据更可靠，更具有可行性、容错能力等 2. 加入帧头、帧尾、校验、加密等内容
	实施记录	1. 帧头定义：长度：_____ 内容：_____ 定义依据：_____ 2. 帧尾定义：长度：_____ 内容：_____ 定义依据：_____ 3. 校验定义：_____ 4. 加密方式：_____
通用性定义	实施要点	1. 使迪信协议能实现新、旧版本兼容，并做到有一定迭代能力 2. 加入版本号、设备类型等信息
	实施记录	1. 版本定义：长度：_____ 内容：_____ 定义依据：_____ 2. 设备类型定义：长度：_____ 内容：_____ 定义依据：_____

任务名称：典型 V2N 应用场景信息传递		
项目		任务实施内容
任务目标		1. 正确使用工具软件和专用设备，搭建典型 V2N 应用场景的信息传递平台 2. 合理使用技术资料，设置典型 V2N 应用场景的通信内容，并进行信息传递 3. 培养团队合作精神和严谨细致的工作作风
任务准备	实施要点	1. 更换实训服，摘掉首饰，长发挽起固定于脑后 2. 准备工具：联网计算机、V2N 应用场景设备、纸、笔、特殊工具 3. 严禁非专业人员或无教师在场的情况下私自对部件进行操作
	实施记录	是否完成：□是　□否 特殊工具清单：

(续)

项目	任务实施内容		
任务计划	根据任务目标，制订任务实施计划		
	序号	作业项目	实施要点
	1		
	2		
	3		
	4		
	5		
准备工作	实施要点	1. 检查 TLE-V2X 设备、配套设备是否齐全、外观是否正常 2. 将 SIM 卡插入 TLE-V2X 设备；然后将 12V 电源、USB-RS232 通信线接入 TLE-V2X 设备	
	实施记录	1. LTE-V2X 设备是否具有主机 1 个：□是　□否　编码：_____ 外观是否有损伤：□是　□否，如有，位置是_____ 2. LTE-V2X 设备是否具有短棒天线 1 条：□是　□否	
测试平台搭建	实施要点	1. 购买云服务器（如"阿里云"，原因是学校网络内的计算机，一般无法被互联网端的其他设备所直接访问，所以就需要使用能被外网访问的，具有互联网 IP 地址的计算机） 2. 对云服务器的信息进行获取和软件安装，含：①服务器"外网"IP 地址；②云服务器的计算机安装"TCP/UDP 测试工具" 3. 打开云服务器内的"TCP/UDP 测试工具"，并选择"服务器模式"，然后单击"创建服务器"（请选择 TCP 服务器，或默认），并设置端口号，如设置为"4001"，然后单击"确定"创建服务器；最后单击"启动服务器" 4. 等待"客户端"连接服务器（客户端即 LTE-V2X 通信设备） 5. 按照用户手册对 LTE-V2X 设备进行配置（配置完成后连接成功时 POWER 指示灯亮，STATE 指示灯几十秒后亮，LINKA 指示灯在配置完成连接云服务器后亮） 6. 客户端连接服务器端（根据用户手册上的连接方法进行连接） 7. 测试平台是否连接，连接上后是否能发送数据（查看服务器端是否有客户端加入，并在客户端的发送区域输入：123456，单击发送，查看服务器端是否有接收数据）	
	实施记录	1. 是否有云服务器：□是　□否 云服务器 IP 等信息：_____ 2. 是否能连接：□是　□否，如能连接，位置是_____ 3. 是否有数据的传输：□是　□否，如否，问题是_____	

（续）

项目		任务实施内容
车辆与互联网交互信号内容	实施要点	1. 找出车与互联网之间需要交互的信号 2. 对这些信号虚拟一个具体状态，并定义对应数值
	实施记录	车辆端（新增内容）： 1. 车辆故障信息数据包：＿＿＿＿＿＿＿＿＿＿＿（需定义故障数量、原始故障码） 2. 车辆数据流信息数据包：＿＿＿＿＿＿＿＿＿＿（根据互联网端信息进行答复） 3. 车辆执行器测试数据包：＿＿＿＿＿＿＿＿＿＿（根据互联网端信息进行答复） 其他内容：＿＿＿＿＿＿＿＿＿＿＿＿＿＿＿＿＿＿ 互联网端： 1. 读取故障码数据包：＿＿＿＿＿＿＿＿＿＿＿＿＿ 2. 读取数据流数据包：＿＿＿＿＿＿＿＿＿＿＿＿＿ 3. 执行器测试数据包：＿＿＿＿＿＿＿＿＿＿＿＿＿ 4. 清除故障码数据包：＿＿＿＿＿＿＿＿＿＿＿＿＿ 5. 远程解锁/闭锁数据包：长度：＿＿＿ 单位：＿＿＿ 其他：＿＿＿ 6. 远程升窗/降窗数据包：长度：＿＿＿ 单位：＿＿＿ 其他：＿＿＿ 7. 远程开启空调数据包：长度：＿＿＿ 单位：＿＿＿ 其他：＿＿＿ 8. 空调温度/模式设定数据包：长度：＿＿＿ 单位：＿＿＿ 其他：＿＿＿ 9. 远程开启应急灯数据包：长度：＿＿＿ 单位：＿＿＿ 其他：＿＿＿
交互信号填充	实施要点	将虚拟的信号数值，根据定义的通信协议，填入通信数据表内；模拟车辆可能会出现的状况
	实施记录	<table><tr><th>位序</th><th>1</th><th>2</th><th>3</th><th>4</th><th>5</th><th>6</th><th>7</th><th>8</th></tr><tr><td>1B</td><td></td><td></td><td></td><td></td><td></td><td></td><td></td><td></td></tr><tr><td>2B</td><td></td><td></td><td></td><td></td><td></td><td></td><td></td><td></td></tr><tr><td>3B</td><td></td><td></td><td></td><td></td><td></td><td></td><td></td><td></td></tr><tr><td>4B</td><td></td><td></td><td></td><td></td><td></td><td></td><td></td><td></td></tr><tr><td>5B</td><td></td><td></td><td></td><td></td><td></td><td></td><td></td><td></td></tr><tr><td>6B</td><td></td><td></td><td></td><td></td><td></td><td></td><td></td><td></td></tr><tr><td>……</td><td></td><td></td><td></td><td></td><td></td><td></td><td></td><td></td></tr></table>
通信测试与数据内容解析	实施要点	对模拟的车辆状态数据进行传输测试；然后对模拟的互联网端控制请求、状态获取信息进行传输测试；并对接收的数据进行解析
	实施记录	1. 检查客户端与服务器端是否连接：□是　□否，如果不能连接，则故障是：＿＿＿＿ 2. 在客户端的测试软件发送窗口内，发送一组虚拟状态的数据给服务器端（客户端模拟的是车辆，服务器端模拟的是互联网） 发送数据是＿＿＿＿＿＿＿＿＿＿＿＿＿，接收数据是＿＿＿＿＿＿＿＿＿＿＿＿ 3. 需要进行多次测试，第一次测试为通信功能验证测试，以后的测试为通信数据解析练习。第二次在数据发送时，发送的数据被重新定义，并且具体内容不公开；收到数据的客户端，对数据进行解析，解析完成后与发送方进行比对，验证解析数据的正确性 服务器端接收数据解析结果：＿＿＿＿＿＿＿＿＿＿＿＿＿＿＿＿＿＿＿＿＿＿＿＿ ＿＿＿＿＿＿＿＿＿＿＿＿＿＿＿＿＿＿＿＿＿＿＿＿＿＿＿＿＿＿＿＿＿＿＿＿＿＿ ＿＿＿＿＿＿＿＿＿＿＿＿＿＿＿＿＿＿＿＿＿＿＿＿＿＿＿＿＿＿＿＿＿＿＿＿＿＿ 4. 尝试在服务器端（模拟互联网）发送状态获取、控制请求数据给客户端（模拟车辆），需要对数据进行定义并解析

车联网技术与应用

【质量评价】

任务总结	典型 V2N 应用场景的任务总结： 工作实施情况反思：					
质量评价	评价项目	评价标准	自评价	小组评价	教师评价	总体评价
	知识目标	在任务实施过程中，对学员关于 V2N 应用场景的知识的掌握程度，进行优、良、中、差评价				
	能力目标	在任务实施过程中，根据学员是否能通过合理使用通用工具和专用仪器，查阅技术文件，装调、配置 V2N 应用场景的车联网系统硬件，解析报文，进行优、良、中、差评价				
	素养目标	在任务实施过程中，根据学员表现出的团队协作能力、科学探究精神和工匠精神，进行优、良、中、差评价				

【回顾思考】

一、填空题

1. V2N 的英文全称是_____，有时也称为 V2C，其英文全称是_____。

2. V2N 通信是指_____与_____之间的信息交互。

3. V2N 通信双方的特点是，一方是_____，另一方是_____。

4. 交叉路口碰撞预警的英文全称是_____。

5. 道路收费服务（RTS）有两种安全模式，一种是利用现行ETC系统的直通通信安全机制，另一种是_____。

二、选择题

1. 以下哪个不是V2N应用场景？（　　）

  A. 电子不停车收费（ETC）系统　　B. 远程升级（FOTA或SOTA）

  C. 紧急救援（eCall）　　D. 远程故障诊断

2. 如果用车载设备下载1个数据量8Gb的视频，用4G和5G蜂窝移动网络的理论用时分别是（　　）。

  A. 100s，1s　　B. 200s，2s

  C. 5min，1min　　D. 10min，2min

3. 不属于车载自组织网络通信的是（　　）。

  A. V2V　　B. V2I

  C. V2P　　D. V2N

三、判断题

1. 道路收费服务应用场景中，RSU广播式发送收费信息。（　　）

2. 通过V2N技术，我国新能源汽车可以通过车载信息终端实时搜索全国1000多万根充电桩的信息，做好补能规划。（　　）

3. V2N与V2V性能需求相比，网络时延和数据吞吐量要求都更高。（　　）

四、简答题

1. V2N与V2I应用场景的主要区别是什么？

2. 分析FOTA和SOTA的区别？

3. 查阅新能源汽车国家监测与管理平台的资讯，该平台的建立使我国成为国际上第一个实现新能源汽车全国联网的国家，你认为该平台能够发挥哪些作用？

项目 5
车联网安全技术

任务　车联网安全技术认知

【情景导入】

2022年4月26日，中汽数据有限公司发布《汽车网络安全管理体系架构与评价白皮书（2022）》（以下简称《白皮书》）。《白皮书》结合汽车网络安全行业发展现状及国内外监管现状进行分析并指出，汽车网络安全已逐渐成为我国智能网联汽车进入国内外市场的决定性因素。国内外监管策略呈三点趋势：①注重管理制度和保障机制的建立；②明确汽车产品网络安全评价方法；③加强上市后的安全监控与应急响应。

【任务目标】

知识目标：
1. 了解车联网安全的定义、发展。
2. 了解车联网的安全平台和安全技术。

能力目标：
1. 具备一定的车联网安全机制的分析能力。
2. 具备一定的车联网安全应用能力。
3. 具备《智能汽车大数据管理与应用》职业技能等级标准中的数据安全管理能力。

素养目标：
1. 培养团队协作的能力。
2. 培养科学探究精神和严谨的工匠精神。

项目 5　车联网安全技术

【知识准备】

一、车联网安全体系架构

车联网作为物联网在交通领域的典型应用，通过云、路、车、人之间的实时感知与协同实现智能交通管理、智能动态信息服务和智能车辆控制的一体化，提供道路安全、交通效率提升和信息娱乐等各类服务。其中，"人"是道路环境参与者和车联网服务使用者；"车"是车联网的核心，主要涉及车辆联网和智能系统；"路"是车联网业务的重要外部环境之一，主要涉及交通信息化相关设施；"通信"是信息交互的载体，打通车内、车际、车路、车云信息流。

在车联网发挥重要作用的同时，其安全问题的重要性也与日俱增。2015 年，美国两位安全研究人员通过 Wi-Fi 开放端口侵入 Jeep Cherokee 的车载网络系统，更新了车内 ECU 的固件，实现了禁用制动和停止发动机等控制，引发了全球首个因为信息安全原因导致的汽车召回事件，涉及 140 万辆汽车。针对智能网联汽车的网络威胁分析见表 5-1。

表 5-1　针对智能网联汽车的网络威胁分析

攻击目标	攻击方法	风险等级	威胁影响
T-BOX	协议破解、信息泄露、劫持、DOS 攻击	高风险	远程恶意控制、敏感信息泄露、车内网络攻击
IVI	权限获取、劫持、绕过、数据窃取	高风险	远程恶意控制、敏感信息泄露、车内网络攻击
车载 OS	权限提升、溢出、DOS 攻击	高风险	系统权限恶意获取、任意应用安装
车载网关	欺骗、劫持、Fuzzing、DOS 攻击	中风险	报文恶意篡改、拒绝服务
OTA	中间人攻击、欺骗、篡改	中风险	升级包恶意篡改、系统恶意刷写
OBD-II	篡改、提权、欺骗、劫持	中风险	恶意报文执行、拒绝服务、车内网络攻击
ECU	伪造、拒绝服务	低风险	拒绝服务、功能篡改
传感器	干扰	中风险	拒绝服务、功能失效

车联网与传统通信系统相比，具有新的系统组成、新的应用场景，在系统安全性及用户隐私保护方面带来了新的需求与挑战。如图 5-1 所示，车联网安全防护体系的范围极广，防护对象包括智能网联汽车、移动智能终端、路侧网络设施、车联网服务平台、通信设备和应用程序，防护内容包括网络安全、数据安全和安全保障机制等，贯穿于车联网的各对象和各环节。

车联网的安全威胁主要可分为 3 个层级：网络级、平台级和应用级。

二、车联网的网络级安全威胁与防护机制

车联网系统是由车辆与云服务平台、人、路基设备等多个组件共同组成的 V2X 网络，

165

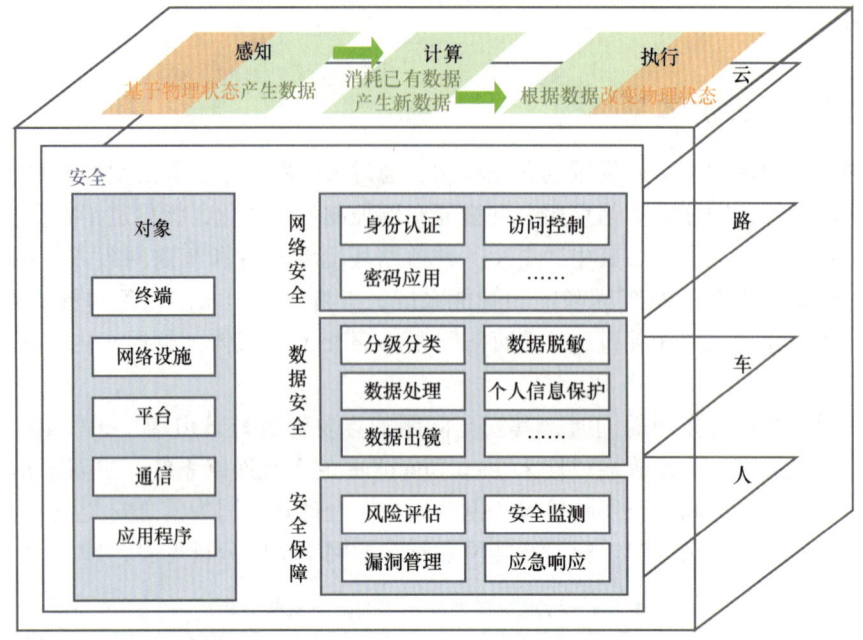

图 5-1　车联网安全防护体系功能架构

其中又包括 Wi-Fi、移动通信网（3G/4G/5G 等）、DSRC 等无线通信手段。V2X 网络继承了上述无线网络的安全问题，如传输安全、身份认证和网络入侵等问题，同时由于车联网架构中包括车联网云服务平台、汽车厂商云服务平台、智能网联汽车和路基设备等组成部分，其平台安全和终端安全威胁也成为网络级安全威胁的一部分，其中主要的网络级安全威胁如图 5-2 所示。

1. 网络通信安全

车辆和云服务平台等其他终端传递的消息中包含着大量的用户隐私，此类信息在消息传递过程中容易受到攻击者窃听，从而造成车辆或用户的隐私泄露。同时 V2X 网络消息包含大量的控制信息和报警信息，例如，V2P 应用场景中用户通过移动设备对车辆进行远程控制、V2V 应用场景中车辆接收其他车辆发来的报警信息，如果此类信息遭到攻击者的阻断或篡改，则可能影响车辆驾驶人的判断，从而造成严重的交通事故。

攻击者可以对车辆进行大量的重复试验，获得有关通信协议的先验知识，从而使攻击者可以伪造报文并发起对车辆的攻击。因此在车联网的通信过程中，对所传递消息的加密和实体的认证是不可或缺的。在高速移动的车联网环境中，如何实现多场景且高效的认证同样是具有挑战性的问题。由于车辆的高速移动，车辆需要不断地和新的车辆或者路基设施实现认证，此过程对实时性要求较高，因此传统的基于椭圆曲线等公钥密码学的认证方案无法直接应用于车联网环境中。

同时，车辆在认证的过程中需要保证用户的隐私安全，车辆如果在无线网络环境中直接使用真实身份 ID 进行认证，那么车辆的位置信息和移动轨迹将会直接暴露。如果攻击者收集并分析此类数据，就可以进一步推断出车主的个人隐私。因此，在车联网环境下实现匿名认证是必要的。

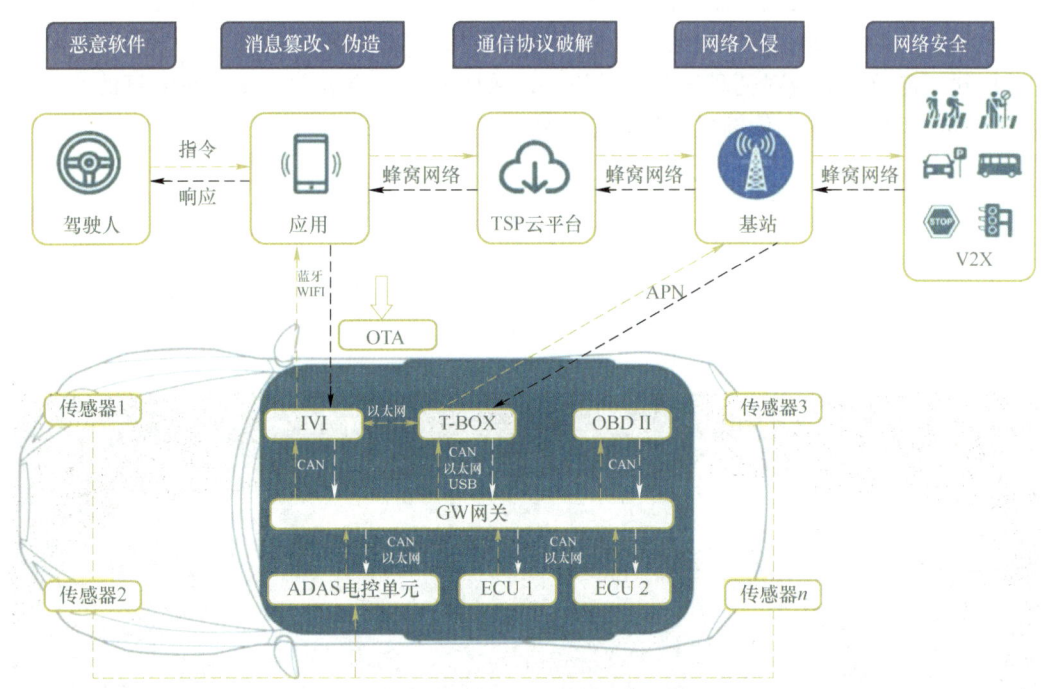

图 5-2 车联网主要的网络级安全威胁

与此同时，由于车联网系统中车辆不断地高速移动，其所处网络拓扑结构会随车辆位置不断变化，如何检测网络中不断出现的未知攻击，成为一个亟待解决的问题。

2. 网络终端安全

（1）云服务平台安全威胁　智能网联汽车的云服务平台作为车联网中重要的组成部分，同样面临多种安全威胁，并且云计算平台的安全问题也会引入车联网中。云服务平台作为数据中心和服务中心，本身容易遭受传统的网络攻击，导致数据泄露。同时其本身的安全性也值得关注，传统的操作系统漏洞威胁和虚拟化技术的大量运用，导致虚拟机的调度、管理和维护均成为重要的安全挑战。

（2）APP 安全威胁　车联网中移动终端通过 APP 完成对车辆的控制，如开/关门锁、远程起动车辆等功能。而此类 APP 因为广泛应用且易于获取，便成为攻击者的攻击入口。例如，攻击者可以通过反编译技术获取通信密钥、分析通信协议等，并结合远程控制系统进一步控制车辆。另一方面，Android 或 iOS 系统 APP 均存在被攻击者植入恶意代码的风险，当移动终端和车辆进行无线通信时，终端 APP 可以作为跳板渗透智能汽车内部，从而窃取用户隐私或者威胁汽车行驶安全，因此会直接影响到车联网系统的安全。

3. 防护机制

车联网的网络级防护机制主要有：

1）在服务器端部署 SSL 证书来实现传输通道加密和传输数据加密，确保机密数据传输安全。

2）代码数字签名，保证代码的真实可信身份和防止代码被恶意篡改。

3）联网设备具备可信计算证书，用于证明设备可信身份和加密各种数据与通信。

4）对蜂窝通信，终端与服务网络之间采用双向认证，确认对方身份的合法性，终端与服务网络应对 LTE 网络信令支持加密、完整性以及抗重放保护。

5）对直连通信，应对消息来源进行认证，保证消息的合法性，支持对消息的完整性及抗重放保护，确保消息在传输时不被伪造、篡改。

三、车联网的平台级安全威胁与防护机制

1. 安全威胁

平台级安全威胁主要包括车内总线的安全威胁以及车内传感器网络的安全威胁，如图 5-3 所示。

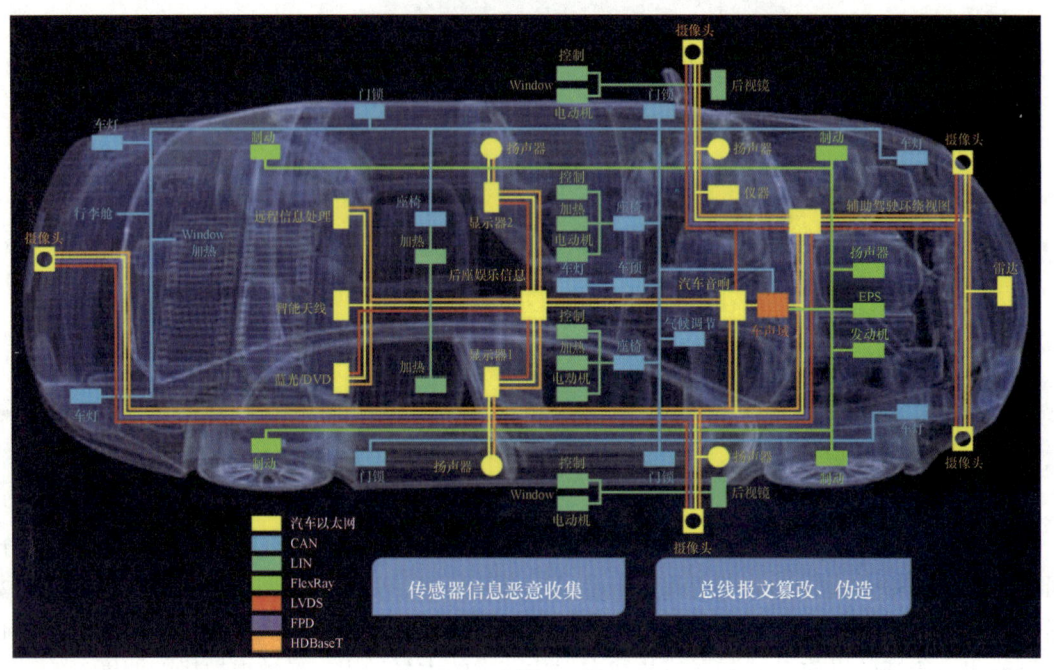

图 5-3　车联网的平台级安全威胁

当前的车内总线（如 CAN、FlexRay 和 LIN 等）均采用明文发送报文，除了校验位之外，未提供加密或认证等安全机制，使得攻击者可通过控制连接到总线上的 ECU 节点读取和修改报文。由于车内总线受到的威胁具有相似性，因此主要介绍目前广泛使用的 CAN 总线及其受到的安全威胁。

CAN 总线在数据链路层采用载波侦听多路访问（Carrier Sense Multiple Access，CSMA）的方式进行通信，即网络中各节点竞争向总线发送数据，根据报文标识符确定各节点的总线访问控制优先级。CAN 总线数据帧格式如图 5-4 所示，报文的数据域最多只有 8B，且不包含发送方地址和目的地址，只提供简单的循环冗余校验（Cyclic Redundancy Check，CRC），这种方式在提高各 ECU 节点间数据通信实时性的同时，因其明文广播报文的通信方式，使得攻击者可以根据大量的历史数据帧通过逆向工程、模糊测试等方法获得 CAN 总线的通信矩阵。通信矩阵是指用户根据通信协议标准而制订的信号、消息和网络节点的具体关系，包

括基本信息、信号定义等具体内容。例如，整车企业使用 CAN 总线进行各节点通信时会自己定义 DBC（Data Basse Can）文件，对外保密。

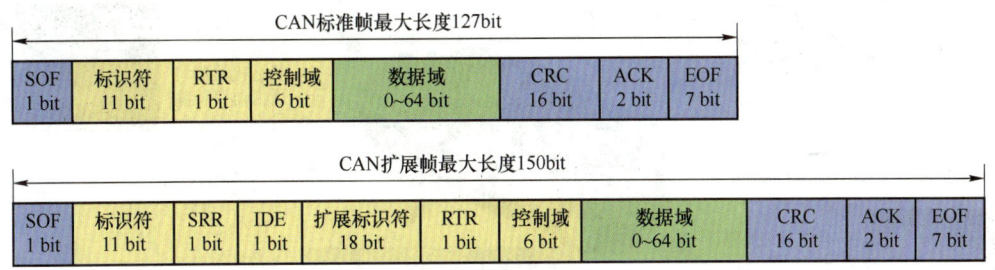

图 5-4　CAN 总线数据帧格式

攻击者获得通信矩阵，可以通过重放报文或者发送伪造的报文到 CAN 总线造成更大的事故。由于无认证机制，ECU 节点会认为重放的或者伪造的报文是合法的，进而根据该报文信息完成相关的控制功能和指令动作，威胁行车安全。

根据 CAN 总线的报文优先级仲裁机制，攻击者还可以持续发送高优先级的报文抢占总线，中断合法报文的传输，即进行中断攻击。例如，可以通过 OBD 接口窃听并分析总线报文，破解 CAN 总线通信矩阵，向总线发送伪造的报文，进而控制车身模块、发动机等，实现中断攻击。

另一方面，智能网联汽车车内传感器网络的传感器、控制器、执行器等众多节点是根据通信协议协同工作的，通信过程中可能存在攻击者恶意采集传感器信息、收集行车相关数据的情况，或者攻击者根据车内传感器的特点，通过干扰传感器设备的通信危及行车安全。例如，超声波传感器通过发射仪发射信号，遇到障碍物后返回，根据发射信号和接收信号的时间差可以推算出发射位置与障碍物之间的距离。但如果环境中存在其他超声波设备发送相同频率的超声波，则会严重影响接收端的信噪比。利用这一弱点，攻击者可以对其进行噪声攻击，这实质上是利用超声波发射仪播放强度更大的同样频率的超声波信号，这样就使超声波感应器无法回收自己发送的信号，从而无法检测车身周围的物体。除此之外，由于超声波传感器主要用于检测与车身最近的障碍物，只有第一个超声波返回信号会被接收处理，所以只要让噪声源在合适的时机播放适当频率和强度的超声波即可实现对超声波传感器的欺骗攻击。

2. 防护机制

如图 5-5 所示，车联网的平台级防护机制主要有：

1）关键组件系统加固：采用 ECU 物理隔离的方式，将重要域与信息娱乐域做物理隔离，保证重要信息的真实性，通过进程校验、设置白名单等方式提高安全性。

2）车载入侵检测：通过报文周期异常检测、状态机检测、通信协议检测和日志审计、规则更新等手段，检测是否有入侵行为。

3）传感器安全防护：通过对传感器的通信设备进行认证、信号实时性验证和信号过滤等手段，保护传感器数据不受恶意采集和篡改。

4）CAN 总线认证加密：通过软、硬件集成方式将 ECU 的 CAN 收发器进行加密传输，保障通信数据的机密性。

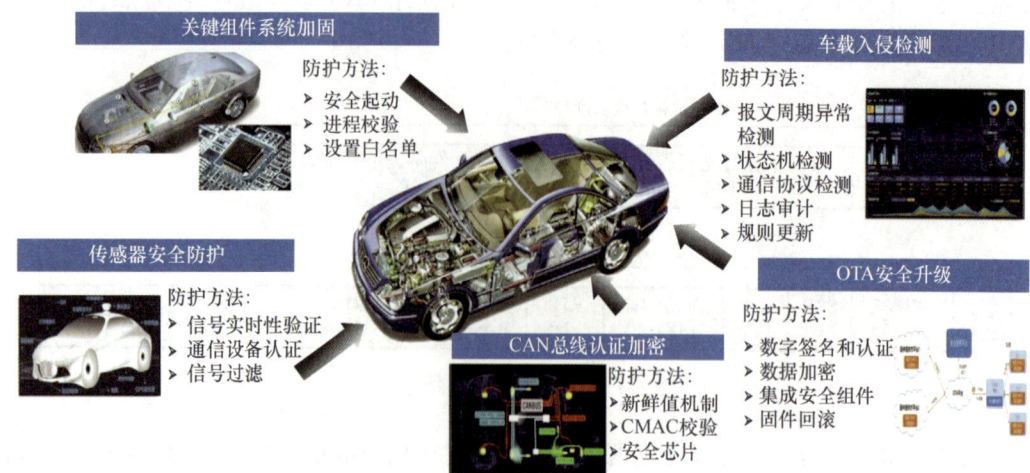

图 5-5　车联网的平台级防护机制

5）OTA 安全升级：通过无线网络将车辆上的软件和系统进行安全更新和升级，可以包括身份数字签名和认证、数据加密通信、安全沙盒环境等安全组件、设备和固件认证等方面。

四、车联网的应用级安全威胁与防护机制

1. 安全威胁

车联网应用主要包括基于安全的应用以及以基于位置的服务（Location Based Services，LBS）为代表的广泛的增值服务。车联网中基于安全的应用通常利用车辆定期广播的信标消息来实现，信标消息可以让车辆时刻注意到周围的行驶环境，从而大大改善道路安全性。利用这些消息，车辆能够检测到可能对自己造成严重损害的碰撞事故，然后及时做出决策以避免发生这种危险情况。

然而，尽管信标消息对道路安全是有益的，但对于攻击者而言，他们也可以利用这些信标消息来实现对车辆未经授权的位置跟踪。信标消息中包含有关车辆当前行驶状态的信息，如时间戳、身份标识符、位置、速度、行驶方向等。通过链接信标消息中包含的身份标识符，攻击者可以轻松实现对车辆轨迹的追踪。此外，车辆一般仅与一名驾驶人相关联，其轨迹信息就可能导致驾驶人的身份及其他个人隐私泄露。

车辆在行驶过程中会频繁使用车联网中的 LBS 应用，这极大地方便了日常出行。然而，LBS 在为车辆提供便捷的同时，也带来了车辆位置信息被泄露并被滥用的隐患。车辆在发起 LBS 请求的过程中，需要提交自己的位置信息给位置服务提供商（Location Service Provider，LSP）以获得相应的服务。因此，LSP 可以通过分析车辆的位置信息，并结合自身掌握的背景知识，对驾驶人的家庭住址、工作地点、宗教信仰、身体健康状况等敏感信息做出推断，甚至对驾驶人的财产安全或人身安全构成威胁。

2. 防护机制

针对车联网应用级的安全威胁，主要通过通信安全、数据安全、代码安全、密钥安全等方面的安全防护技术进行全方位、多层次的安全防护，如图 5-6 所示。

项目 5　车联网安全技术

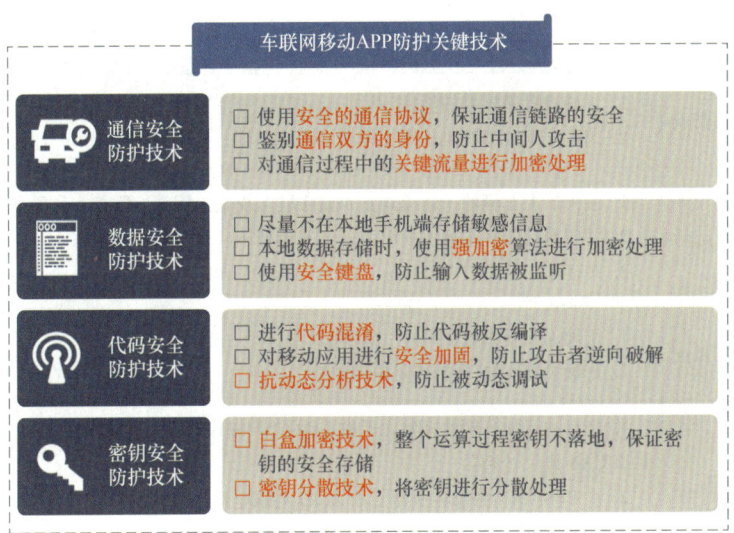

图 5-6　车联网移动 APP 的防护关键技术

【任务实施】

任务名称：智能网联汽车底盘线控 CAN 报文破解			
项目	任务实施内容		
任务目标	1. 正确使用工具软件和专用设备，读取典型底盘线控 CAN 通信报文 2. 合理使用技术资料，解析底盘线控 CAN 通信协议 3. 培养团队合作精神和严谨细致的工作作风		
任务准备	实施要点	1. 更换实训服，摘掉首饰，长发挽起固定于脑后 2. 准备工具：联网计算机、自动驾驶应用场景设备、纸、笔、特殊工具 3. 严禁非专业人员或无教师在场的情况下私自对部件进行操作	
	实施记录	是否完成：□是　□否 特殊工具清单：	
任务计划	根据任务目标，制订任务实施计划		
	序号	作业项目	实施要点
	1		
	2		
	3		
	4		
	5		

171

（续）

项目		任务实施内容
车辆初检	实施要点	1. 正确设置遥控器的档位 2. 用千斤顶或举升机正确支承自动驾驶车辆，至少使驱动轮离开地面
	实施记录	1. 遥控器上车辆的工作模式是否置于驻车模式：□是　□否，位置是____档 2. 关闭自动驾驶车辆上的电源，使车辆处于确定的不工作状态 3. 车辆驱动轮是否离开地面：□是　□否，如是，驱动轮离开地面的高度为____
USB-CAN 通信连接与检查	实施要点	1. 正确连接车辆底盘 CAN 总线线束 2. 正确设置 CAN 分析仪阻值档位
	实施记录	1. 将自动驾驶车辆计算单元上的 DB9-CAN 接口移除，并接入独立的 USB-CAN 协议转换器 2. 将 USB-CAN 协议转换器上的 120Ω 终端电阻接入网络（部分该设备是使用开关接入，部分则是使用短路线接入），使总线上 CAN-H 与 CAN-L 之间的电阻值为 60Ω；测量一下该电阻是否 60Ω 左右：□是 □否，如果不是，请记录具体电阻值，以及处理过程：____ ____ 3. 将 USB-CAN 协议转换器上的 USB 连接线，接入测试用的计算机 USB 接口 4. 检查 USB-CAN 协议转换器的驱动是否安装正确：□是　□否 如果安装不正确，解决方法是： ____ ____ ____（请参照该 USB-CAN 协议转换器的使用说明进行驱动安装） 底盘线控 CAN 报文破解
车辆底盘状态反馈记录	实施要点	1. 正确读取车速、转角、制动压力等实时底盘数据 2. 能对数据进行适当解析
	实施记录	1. 打开 USB-CAN 协议转换器上位机软件，是否能读取到底盘的实时状态数据：□是 □否 如果不能读取，故障原因是：____ 2. 打开自动驾驶车辆的电源，对车辆进行上电，然后使用遥控器，将车辆置于遥控控制模式，并对车辆的驱动、转向、制动进行遥控控制 3. 记录当前底盘的实时状态反馈 CAN 总线报文和变化 | 序号	信号	ID	DLC	数据	信号变化位置
---	---	---	---	---	---
1	车速				
2	制动压力				
3	转向角度				
4	档位				
5	控制模式				
6	……					

（续）

项目		任务实施内容
CAN 通信协议解析与应用	实施要点	1. 了解线控底盘 CAN 总线通信协议的解析方式 2. 根据线控底盘 CAN 报文内数据域的变化与实际状态对应关系，对通信协议进行解析、单位换算等 3. 正确完成线控底盘 CAN 通信协议解析数据的进一步验证
	实施记录	1. 车速信号 CAN 报文 ID：0x_____ CAN 报文 DLC：_____ 信号起始位：_____ 信号位宽：_____ 信号与实际值的换算关系：_____ 2. 制动压力信号 CAN 报文 ID：0x_____ CAN 报文 DLC：_____ 信号起始位：_____ 信号位宽：_____ 信号与实际值的换算关系：_____ 3. 转向角度信号 CAN 报文 ID：0x_____ CAN 报文 DLC：_____ 信号起始位：_____ 信号位宽：_____ 信号与实际值的换算关系：_____。 4. 档位信号 CAN 报文 ID：0x_____ CAN 报文 DLC：_____ 信号起始位：_____ 信号位宽：_____ 信号与实际值的换算关系：_____ 5. 控制模式信号 CAN 报文 ID：0x_____ CAN 报文 DLC：_____ 信号起始位：_____ 信号位宽：_____ 信号与实际值的换算关系：_____ 6. 尝试根据自动驾驶车辆厂家提供的线控底盘控制 CAN 总线协议，发送 CAN 报文控制线控底盘的驱动、制动、转向动作；并对比解析得到的 CAN 总线报文及内容，查找两者之间的区别 注意：发送 CAN 总线报文对线控底盘进行控制时，注意人员、设备的安全 7. 通过以上内容，可以理解 CAN 总线通信协议对自动驾驶车辆安全的重要性，所以厂家不对外开放通信矩阵的原因是：_____

【质量评价】

任务总结	智能网联汽车底盘线控 CAN 报文破解的任务总结： 工作实施情况反思：					
质量评价	评价项目	评价标准	自评价	小组评价	教师评价	总体评价
	知识目标	在任务实施过程中，对学员关于智能网联汽车底盘线控 CAN 报文破解的知识的掌握程度，进行优、良、中、差评价				
	能力目标	在任务实施过程中，根据学员是否能通过合理使用通用工具和专用仪器，查阅技术文件，进行智能网联汽车底盘线控 CAN 报文破解，进行优、良、中、差评价				
	素养目标	在任务实施过程中，根据学员表现出的团队协作能力、科学探究精神和工匠精神，进行优、良、中、差评价				

【回顾思考】

一、填空题

1. 车联网安全防护体系的范围极广，防护对象包括_____、_____、_____、_____、_____和应用程序，防护内容包括_____、_____和安全保障机制等，贯穿于车联网的各对象和各环节。

2. 车联网的安全威胁主要可分为 3 个层级：_____、_____和_____。

3. 车联网的网络安全机制主要有_____、_____和_____等。

4. 当前的车内总线，_____、_____和_____等总线均采用明文发送报文，未提供加密或认证等安全机制，使得攻击者可通过控制连接到总线上的 ECU 节点读取和修改报文。

5. 针对车联网应用级的安全威胁，主要通过_____、_____、_____和密钥安全等方面安全防护技术进行全方位、多层次的安全防护。

二、选择题

1. 以下哪个针对智能网联汽车的攻击目标不是高风险的？（　　）
   A. T-BOX　　　　　　　　　　　　B. IVI
   C. 车载 OS　　　　　　　　　　　 D. OTA

2. 以下哪个攻击目标是针对智能网联汽车的？（　　）
   A. T-BOX　　　　　　　　　　　　B. IVI
   C. 车载 OS　　　　　　　　　　　 D. 车载网关

3. 以下哪些平台是车联网的网络级平台？（　　）
   A. 车联网云服务平台　　　　　　　B. 汽车厂商云服务平台
   C. 智能网联汽车　　　　　　　　　D. 路侧设备

4. CAN 总线标准帧的最大长度是（　　）bit。
   A. 8　　　　B. 64　　　　C. 127　　　　D. 128

5. 以下不属于车联网平台级的防护机制是（　　）。
   A. 设置白名单　　B. 进程检验　　C. 数据脱敏　　D. 日志审计

6. 以下不属于车联网应用级的防护机制是（　　）。
   A. 通信双方双向认证　　　　　　　B. 密钥分散技术
   C. 白盒加密技术　　　　　　　　　D. 黑盒加密技术

三、判断题

1. 与传统通信系统相比，车联网通信具有同样复杂的安全问题。（　　）
2. 用户隐私数据被窃听不属于车联网安全问题。（　　）
3. 车联网用户使用 LBS 服务，有利于日常出行便利，增加了用户车辆位置信息被泄露并被滥用的威胁。（　　）
4. 车网联可以通过日志审计、规则更新等手段检测是否有入侵行为。（　　）

四、简答题

1. 简要说明车联网安全技术的含义。
2. 简要说明车联网对蜂窝通信与直连通信的网络级防护机制主要有哪些，有什么区别。
3. 检索腾讯安全科恩实验室利用安全漏洞入侵特斯拉 Model S 车型事件，分析车联网安全意义和腾讯安全科恩实验室守护信息安全的意义。

参 考 文 献

［1］任晓涛，马腾，刘天心，等. 5G NR Rel-16 V2X 车联网标准［J］. 移动通信，2020，44（11）：33-41.
［2］陈山枝，时岩，胡金玲. 蜂窝车联网（C-V2X）综述［J］. 中国科学基金，2020，34（02）：179-185.
［3］陈山枝，胡金玲，时岩，等. LTE-V2X 车联网技术、标准与应用［J］. 电信科学，2018，34（04）：1-11.
［4］韩将星. 5G 时代无线电监测站智能互联网平台技术研究［J］. 通信技术，2020，53（05）：1191-1201.
［5］魏玉. 基于 5G 通信技术下车联网发展探析［J］. 南方农机，2019，50（13）：223+225.
［6］高凤.《智能网联汽车技术路线图 2.0》解读［J］. 物联网技术，2020，10（11）：3-4.
［7］缪立新，王发平. V2X 车联网关键技术研究及应用综述［J］. 汽车工程学报，2020，10（01）：1-12.
［8］李宗芹. 车联网体系结构及感知层关键技术探析［J］. 通讯世界，2019，26（01）：70-71.